Shinmai Sensho 信毎選書

過去と向き合い 生きる

「今日の視角」セレクションⅡ

井出孫六

Ide Magoroku

本書は信濃毎日新聞夕刊コラム「今日の視角」に２００９年１月から２０１５年３月まで掲載された中から１６０回分をセレクトし、掲載順に収録したものです。本書に登場する人物の地位、役職などは掲載時のものです。

はじめに

井出孫六

[1]「今日の視角」事始め

1978年の晩秋、信濃毎日新聞（以下信毎）東京支社の小関武彦報道部長と麻布の国際文化会館でお会いし、信毎夕刊1面のコラム「今日の視角」に週1回執筆してほしいとの依頼があった。「今日の視角」という看板にまず恐れをなした。原稿用紙3枚の短文とはいえ、日々移ろいやすい社会事象を毎週1200字にまとめる芸当はできそうにもなかったからだった。

だが、小関さんはコラムの看板にこだわる必要のないことにはじまり、移ろいやすい社会事象とはオーバーで、新聞・テレビを見ながらひょいと思いついたことを書くだけでけっこうと、大相撲の季節、力のこもった取組みがあれば大いに声援を送るもよし、ロッキード事件に腹が立てばそのままぶちまけてくださるがよいと説き、説得はつづいた。間合いを見てポケットノートを開らき、「半年ぐらいの期限なら…」とつぶやいたのがいけなかった。小関さんもポケットノートを繰りながら「正月明けから始めていただきます」と畳《たた》みかけるように言った。「期限は?」というわたしの問いかけに対して、「いつまでとの期限はありません。つづけられるだけお書きください」と力強い答えが返ってきた。

このことばはわたしを驚かせ、怖気《おじけ》づかせると同時に、蛮勇をふるいたたせるような逆の効果をもっていた。この日、わたしは期限のない依頼を引受けることになったのだ。

年末になって「今日の視角—装い新たに」と謳《うた》う新年向けの社告から、幾つかの知識が得られた。信毎の夕刊は1952年に発刊され、「今日の視角」は夕刊の床の間ともいえたが、26年間匿名時評だったことがわかる。1979年正月、入江徳郎、飯塚良明、堀江忠男各氏らと並んで仲間に加わり、以来今日まで36年がたってしまったのだった。(文中に本紙とあるのは信濃毎日新聞をさす)

[2]前事不忘　後事之師

ところで、わたしは1931(昭和6)年9月29日に生まれたが、誕生日の11日前に「満州事変」が勃発し、それから切れめなしに15年間の戦争時代に突入していく。ものの心つき、小学校に上り、途中でドイツをまねた国民学校となり、中学2年の8月、敗戦を迎えるまで、わが幼少年期は暗鬱《あんうつ》な戦時色に包まれていた。戦時色を色で表わすと、カーキ色が近い。いまでは忘れられた色彩だが、土ぼこりを示すインド語 khaki に由来する黄色に淡い茶色のまじった色、枯草色といえばわかりやすい。

日華事変の起こる直前の記憶。わが郷里の佐久地域で、松本、高崎連隊がいりくんで大演習があった。夕闇のなか、汗と泥にまみれた兵士たちが町に戻ってきて、各戸に分宿をした。銃後に喝を入れる意図もあったろう。

国民学校6年の夏、桑の皮をむいて乾燥させ、大量に供出した。しばらくすると、桑皮の繊維《せんい》で織られた少年向き国民服、ゲートル、戦闘帽が配給され、頭の天辺《てっぺん》から足もとまで国防色《カーキいろ》に染めあげられたときには嬉しくなかった。雨や汗にぬれると、桑皮の異臭が身体にまつわりついてくるからだった。

45年8月15日正午の玉音放送が、午前を戦時、午後を戦後と、截然《せつぜん》と切断してみせたことに唖然としたわたしは、暗鬱な15年を忘却すれば未来はないと思ったことを忘れることはできない。

目次

第三章　天災の陰に
〈2011年〉

第四章　怒りを忘れてはいまいか
〈2012年〉

第五章　コーヒー党のつぶやき
〈2013年〉

第一章

可視化したこの国の貧しさ

〈2009年〉

日本の貧困（上）――派遣村の場合

例年、新聞は年末年始にかけて夕刊がなくなる。その上元旦の翌日が休刊日のため、その間に大きな事件が起きると、テレビがいきいきとしてくる。今年もそんなことになった。元旦のテレビニュースの定番は、明治神宮や成田山の初詣での光景などだが、今年は違った。厚生労働省の向かいにある日比谷公園に突然多くのテントが張られ、そこに派遣切り非正規労働者のための〝年越し派遣村〟の現出が映し出され、多くの視聴者を驚かした。半年前秋葉原で二十五歳の青年がトラックで群衆をけ散らし、ナイフで起こした殺傷事件を思い起こしながら、テレビに映し出されている派遣村の炊き出し風景に、わたしはほっと胸をなでおろした。

青木ケ原樹海に向かう途中、駅のテレビニュースを見て、死を思いとどまり、日比谷を目指した派遣切りの若者がいた。飛び降り自殺未遂で警官に付き添われてきたものもいた。寒さに耐えかねて入った電器店でニュースを見て日比谷まで歩いてきた非正規労働者もいた。こうして派遣村にたどりついたものは五百名をこえ、ついには厚労省の講堂が明け渡された。正月松の内の日比谷派遣村のニュースは全国津々浦々に及んで、この国の底知れぬ貧しさの実態が可視化されるとともに、麻生内閣の無策も浮き彫りになって、人びとの心をいっそう寒々とさせた。

一方、日比谷派遣村の村長に、そこに集まった連合、全労連、全労協などの働き手たちに推されて湯浅誠氏（39）が就任したというニュースが、わたしの心をほのぼのとさせた。わたしは湯浅氏と面識はないが、彼の著書『反貧困』に赤鉛筆で線を引きながら多くのことを教えられていた。湯浅氏には十数年に及ぶ無宿者支援活動という実践の裏打ちがあったのである。

（２００９年２月12日）

日本の貧困（下）——安全網を欠く社会

インド生まれの経済学者アマルティア・セン氏は、バングラデシュの男性よりも繁栄するニューヨークのハーレム地区の住民の方が平均寿命が短いことを例に引きながら、「貧困はたんに所得の低さというよりも、基本的な潜在能力が奪われた状態と見られなければならない」と説いている。彼の言う奪われた「潜在能力」とは何か。正月の日比谷派遣村の村長を務めた湯浅誠氏は、それを〝溜《た》め〟ということばに置き換え、多少の日照りにも耐える溜池にたとえて見せる。

一人の非正規労働者が〝派遣切り〟に遭《あ》ったとする。その日に彼は荷物をまとめて寮を出なければならない。雇用保険はついていないから、失業保険は出ない。インターネットカフェで数日を過ごしても第二の職は見つからないし、住所不定とあれば、生活保護も申請できない。

雇用、社会保険、公的扶助という三層の安全網を欠いたまま、彼または彼女は路上生活へと落ちていくほかはない。非正規労働者からは一切の〝溜め〟が奪われているというのだ。

通訳など常用になじまぬ十三の職種を対象に労働者派遣法がレーガノミクスにならって施行されたのは中曽根政権下。アリの一穴に似て、労働基準法はたちまち蚕食されてゆき、小泉政権下、製造業にまで解禁され、日本の労働者の三分の一が、「すべり台社会」に追いやられていった。

厚生労働省によれば昨秋から今年三月までに職を失う人は十二万五千人というが、派遺・請負業界団体の、失業者四十万人との推計もある。

安全網の整備にイギリスもドイツも懸命だというのに、無策のまま半年手をこまねいてきた麻生政権の責任は重い。こんな社会に誰がしたのか。

（２００９年2月19日）

後期子どもに年金制度を！

少子化時代に入って受験競争は緩和されるはずだというのは幻想で、ここ一年孫娘の大学受験生活は、はた目にも灰色に見えた。若ものに灰色と感じさせる時間が、通過儀礼のごとく年々歳々くり返される社会が果たして豊かで健康な社会といえるだろうか。

二月の半ば、合格を告げる速達で本人は灰色の生活から解き放たれたのと引きかえに、同封されてきた授業料納入明細書が親の肩に重くのしかかってくる。書類を見せられて、わたしも現実に引きもどされる。

手元の「二〇〇六年度学生生活調査」（日本学生支援機構）によれば、私立大学の一年間の学費はおよそ百三十五万円、地方出身者はアパート代を含めた生活費が百十二万円、あわせて二百四十七万円を必要とする。大学生活四年間でざっと一千万円かかることになる。子ども三人を大学に送りだすと、三千万円。大学教育は親にとって、「持ち家に次ぐ、人生で二番目に高い買い物」にたとえられるほど家計の圧迫要因になっており、深刻化する教育費負担が〝進学格差〟を拡大させることになりはしないか。

ＯＥＣＤ加盟国のうち二十八カ国でみると、「教育への公的な支出」において日本は最低で、逆に、高等教育における、私的負担は韓国同様に日本が高く、この二カ国において受験競争が最も激しい。

そのような日本の現実をふまえて、千葉大学の広井良典さんが、高校、大学、大学院に学ぶ若ものを「後期子ども」と位置づけ、年金制度の根本的な改革の中で、「後期子ども」のための年金制度を国家の責任で創設すべきだと提唱しているのが興味をそそる。後期高齢者にとって安心できる医療が必要なように、後期こどもにアルバイト不要の制度を設けたい。

（２００９年３月５日）

たまらん坂

わが家は武蔵野のゆるやかな台地に乗っており、少し歩くと下り坂に出る。国立に通ずる通称多摩蘭坂もその一つ。万葉の頃《ころ》、多摩蘭とでもいう花が自生していたと思うのは錯覚で、坂の中ほどが国分寺と国立の市境であるらしく、ある時、行政の道標が立ち、坂の由来が刻まれた。

関東大震災のあと、神田一ツ橋にあった東京商大が武蔵野の一隅に疎開し、隣接する国分寺と立川から一字ずつ借りて国立という町が生まれた。当初学生は国分寺駅から小一時間歩かねばならず、雪が降れば滑り雨が降れば泥濘《ぬかる》んで、これでは「たまらん坂」だとこぼしたという。

またもう一説。学園町建設のため段丘を削ってこの急坂は生まれた。国分寺駅から資材を運ぶため、荷車やリヤカーがひきもきらず往復した。「たまらん坂」とは、学生たちより早く、建設労働者たちのあげた悲鳴だったのではないか。

学園都市の計画は若き日の堤康次郎に負うと伝えられているが、大学通りに植えられた街路樹は、八十余年後の今日、東京で指折りの桜並木となっている。

足が丈夫だった頃、わたしは花の季節になると気もそぞろになり、二分咲き、五分咲き、七分咲きと、たまらん坂を自転車で駆けくだっていったものだが、足元の怪しくなってきた数年前、気象庁の予報よりも正確に桜前線の到来を告げてくれるものを家の近くで発見した。

鎌倉街道の坂を上って脇道が延びた辺りに、「畠山重忠の道」と書かれた読み人知らずの木札が立ち、その周囲に土筆《つくし》の群落が目についた。

土筆がそろりと頭をもたげた日が三多摩地方の桜の開花日、次々に顔を出すと五分咲き。そしてあっという間に土筆が花粉を撒《ま》いてスギナに変貌《へんぼう》するころ、国立の街に花吹雪が舞うことを教えられたのだった。


（2009年3月19日）

横浜事件の被害者Sさん

わたしは中央公論社に入って数カ月、校正の見習いをした。次長席の隣に、度の強い眼鏡をかけたSさんという老人がいた。残業の多い職場だったが、Sさんは定刻が近づくと机上を片づけ、五時ぴったりに誰よりも早く退社していく。

次長以外にSさんがことばを交わす場面はまれだったが、Sさんには軽い言語障害などがあって、彼の校正洩《も》れを次長がカバーしてあげているらしいことを知ったのだった。

ちょうどそのころ、国会に警職法改正案が上程され、治安維持法の再来ではないかと国会がデモ隊にかこまれる事態になった。校閲部も残業を中止して何名かが参加する中にSさんがいたのが意外だった。ともに歩きながら、Sさんの足が幾分不自由なのを気づかったわたしに、彼は膝《ひざ》を指さして、横浜事件の後遺症なのだと、聞きとりにくい声でつぶやくように言った。デモ隊のシュプレヒコールと一瞬ずれてSさんの不自由な口から洩れる、「悪法反対」の声が雄叫《おたけ》びのように、わたしの耳に残っている。

わたしが校正見習いから最も忙しい週刊誌に配属になったのと、Sさんが定年で退職したのと、どちらが先だったのか。今思えば、Sさんをお茶に誘って、彼の体に刻まれた治安維持法の傷の数々を、詳しく聞いておくことが、後輩の義務ではなかったかと、ほぞをかむ思いが湧《わ》いてくる。

一九四二年七月雑誌『改造』に掲載された細川嘉六氏の「世界史の動向と日本」は今も

読むに足る。掲載の労に報いるため、当時細川氏は故郷富山の泊温泉に親しい六人の編集者を招いた。その慰労会で写した浴衣がけの一枚の写真が「共産党再建準備会議」という虚構に仕立てあげられた。横浜事件再審の最終判決について、なお来週触れたい。

（2009年4月2日）

横浜事件─67年の歳月

一九四二年夏、細川嘉六氏の論文「世界史の動向と日本」が検閲をパスして雑誌『改造』に載ったことは行け行けどんどんの軍部を怒らせ、特高が動いた。

細川氏を囲む編集者六人の浴衣がけの慰労会の写真から、芋づる式に六十余名の編集者、執筆者などが次つぎに検挙され、激しい拷問で獄死したもの四名。細川慰労会の写真に並ぶ中央公論の浅石晴世氏も命を絶たれた一人。改造社と中央公論社は解散に追いこまれた。

被告はみな横浜地裁に起訴されたため、この戦時下最大の言論封殺事件は「横浜事件」とよばれているのだが、敗戦のどさくさの中で次つぎに判決が出ている。治安維持法がマッカーサー指令で廃止されるのを察知したかのように、裁判記録がすべて焼却されて、司法は生きのびただけではない。

横浜事件の半年前、裁判官と検察官を集めた「臨時思想実務家合同」の席上、「大東亜戦争は、究極するところ米英旧秩序の根幹を為《な》す民主主義、個人主義、功利主義もしくは営利主義思想を覆滅し、皇国の道義を世界に宣布せんとする一大思想戦に外《ほか》ならぬ」と指示した池田克司法省刑事局長その人が、戦後、最高裁判事として〝晩節〟を全うしたと知って、わたしは愕然《がくぜん》とした。

横浜事件再審裁判は一九八六年に始まって二十三年近い歳月が過ぎる中で、被告本人は次つぎに亡くなっていった。最終の第四次再審の被告人は「亡小野康人」とある。『改造』編集部にあって細川論文の校正をした人で、慰労会写真には細川氏と肩を並べて立っている。四十年前に亡くなった小野さんの遺《のこ》していった判決文が有力な証拠物となって再審は大きく動いた。夫人亡きあと二人の兄妹が再審を引き継ぎ、実質無罪を勝ちとるのに六十七年が過ぎた。

（2009年4月9日）

土の感覚をおぼえた頃

わたしの小学校の頃《ころ》、信州の農村部では短い夏休みを挟んで一週間ほどの田植えと稲刈り休みがあった。たいていの農家は稲作と養蚕を兼ねていたから、猫の手も借りたいほど忙しく、子供たちは遊んでいるわけにはいかなかった。

当然農繁期の休みには宿題などなかったから、商家に生まれたわたしは遊んで過ごしていたが、どことなく後ろめたかった。そのまま育てば、わたしには土と交わる感覚はうまれなかったはずだが、戦時下の旧制中学に入って状況は一変した。

上級生が名古屋の軍需工場に動員になった頃から、わたしたちの授業がこまぎれになるにつれ、勤労奉仕の日が多くなった。出征で男手のなくなった農家に田植え、田の草取り、稲刈りにさし向けられ、わたしは初めて泥にまみれて汗をかいた。

老夫婦や子供を抱えた婦人たちから感謝されたとはいえ、わたしたちの労働がどれだけ役立ったかはわからない。知的好奇心に充《み》ちて伸び盛りの中学生が、授業を放って上からの指令で国策に従ったというトラウマが、いまも稲刈り鎌《がま》で左手の小指をざっくりと切ってしまった傷跡とともに残っていることも事実だ。

ただ一つだけ言えることがある。当時の信州の山村には一滴の石油もなかった。脱穀機一つとっても動力は足踏みだったし、金肥といわれるものは油粕《かす》をおいて他《ほか》になかった。鎌倉時代とは言わぬまでも、江戸時代の有機農業の延長のような状態の中で、わたしは土の感覚をおぼえたというような気がしている。

今から三十年ばかり前、かつて勤労奉仕に入った村の辺りを歩いた。夕暮れの中、足踏みの脱穀機の周りで、三人の子供とともに秋の収穫に懸命な農夫婦の姿を見かけたことがある。周辺の荒れ地とともにその光景が、心に焼きついた。


（2009年5月21日）

果実の仲人ミツバチの危機

田圃《たんぼ》一面にレンゲの咲く光景が古い記憶の中にある。化学肥料などない頃《ころ》で、緑肥として栽培されていたのだろう。レンゲ畑にはミツバチが飛びかっていた。レンゲのミツは、クリの花のミツなどより、ずっとおいしかった思い出もある。

後年、わたしは知人が持て余し気味な西洋ミツバチの箱を一時、仕事場の庭に預かったことがある。6千万年とも8千万年ともいわれる気の遠くなるような共生と進化の過程で、精緻《せいち》な社会構造をつくりあげてきたミツバチの生態について、何の知識も持ちあわせなかった。

暗い巣箱の中をのぞくこともできぬまま傍観していたのだが、朝、陽《ひ》が射し始めるとまもなく、働きバチたちは次つぎに飛び立っていく。

花から花へと移ろいやすい蝶々《ちょうちょう》などとは異質な行動力。花粉にまみれて、蜜《みつ》腺深く入りこんでいく姿も蝶々とは違う。花と向きあうミツバチには、植物との共生を運命づけられた進化の長い歴史の中で、植物の生殖（結実）の仲人という使命が遺伝子として組みこまれているのかもしれない。

数千万年といわれる植物とミツバチの共生の歴史に比べると、ミツバチと人間との関係はたかだか数千年の歴史であり、人間は長いことミツバチをミツの運び屋としかとらえてこなかった。ミツバチなしにはナシもリンゴもイチゴも口にできなかったことを、長いこと人間は考慮しようとはしなかった。

日本人が西洋ミツバチを、果実の仲人と考えるようになったのは、ビニールハウスの栽培が始まってから、たかだか40年にすぎないともいえるだろう。そのミツバチが北米大陸では〝蜂群崩壊症候群〟で激減し、この日本でもストレスなどが原因で西洋ミツバチの減少が大きな問題になってきている。

（２００９年7月2日）

ヤルタからポツダムへ

テオ・ゾンマー氏の近著『瓦礫《がれき》の中の希望』は１９４５年のドイツの苦悩を主題としつつも、２月のヤルタから7月のポツダム会談へと、世界史的な激しい潮流の渦にまきこまれた日本の運命も的確に描かれていて、息呑《の》む思いで読み終えた。

ヤルタでのルーズベルトは長旅の疲労も手伝って、国際連合の創設を説くことと、対独戦終了から3カ月後ソ連の対日参戦をスターリンと密約することで自足してしまったような趣があった。その頃《ころ》、日本が和平仲介を求めて近衛文麿特使をモスクワに送ろうと働きかけていたことなど、スターリンはおくびにも口にしなかったのであろう。

米ソ蜜月ぶりに疎外されがちなチャーチルは、ポーランド問題でスターリンに押しきられたことも翳《かげ》りとなって総選挙で労働党に敗退。７月のポツダムに姿を見せたものの、千両役者ぶりの面影はなかった。

急死したルーズベルトに代わってポツダムにやってきたトルーマンは、ヤルタ以後のスターリンの臆《おく》することない東欧のソビエト化に不信を抱き、チャーチルと共鳴した。

ポツダム会談の初日、ニューメキシコの砂漠で行われた原爆実験の成功の暗号電報が届く。日本進攻で１００万とも予想される米兵の犠牲はリトルボーイ1発で救われるという選択に反対する声は、トルーマンの周囲にはなかった。チャーチルの心も昂揚《こうよう》した。もはやソ連に支援を要請する必要も消えた。

リトルボーイはテニアン島に運ばれ、ドイツ降伏から3カ月をへない8月6日、捕虜収容所のない広島上空に投下が決まった。

原爆実験の成功は、７月24日、トルーマンの口から雑談のようにスターリンに伝えられた。彼は興味を示さなかったが、その夜モスクワに原爆実験促進の指令が飛んだ。

（２００９年7月23日）

編集者とは何ものか

黒衣と書いてくろごと読ませる。歌舞伎の舞台で後見の着用する黒い衣服のことだが、その衣服をまとった後見その人を意味することばともなった。

出版社に入ってまもなく、編集者は黒衣に似た職業であることを知った。名編集者といわれる何人かの先輩、同僚がいた。Hさんは資料蒐集《しゅうしゅう》に独特な才能があり、Kさんは抜群の嗅覚《きゅうかく》で新人を発掘し、Y君は奇想天外なアイデアで筆者たちに愛されるというように、毎月の雑誌の目次は編集者の個性の響きあいで創り出されていくのだが、読者には筆者たちの顔は見えても、編集者の姿は黒衣のようにかくれている。

出版社の社史はおおむね非売品で、ドキュメントとしての面白さが消されている。黒衣の集団という呪縛《じゅばく》から抜け出すことができないからでもあるのだが、筑摩書房の前社長柏原成光さんの近著『本とわたしと筑摩書房』はその呪縛から解き放たれた語りになっていてみごとだ。

筑摩書房は塩尻出身の古田晁さん、安曇野出身の臼井吉見さんらによって興された出版社で、戦後いち早く出版された『展望』をわたしは毎月待ちかねるように読んだ記憶がある。臼井編集長の回想『蛙のうた』と臼井吉見編『回想の古田晁』に同社の〝創世記〟が綴《つづ》られている。その社風に惹《ひ》かれて入社した柏原さんが、同社の倒産から再建をへて社長を退く日まで、35年の歳月を経糸《たていと》とし、めぐりあった人びとを緯糸《よこいと》にして書きあげられたこの本は『蛙のうた』の衣鉢《いはつ》を継ぐものとなった。

その功をねぎらうために開かれた会に駆けつけた梁石日《ヤンソギル》さんが、『タクシードライバー日誌』を書いた駆け出しのころ、柏原さんに多額の借金をした思い出を語った。柏原さんに融資の才覚などあるはずはなく、退職金の前借りだったというのだ。

（2009年8月27日）

野菜篭の中の手紙

長野市の郊外や軽井沢の別荘地にまで月輪熊《つきのわぐま》が出没して人心を不安に陥れたのは、もう何年も前のこと。ドングリの凶作が、異変の原因の一つにあげられた。八ケ岳山麓《さんろく》から熊が絶滅したのは、カラマツなどの植林によってドングリがなくなったからだというのは納得のいく説明だ。

熊に代わって八ケ岳山麓は鹿《しか》の楽園となった。鹿は昼は林の茂みに姿をかくし、日が暮れると一族で移動する習性があって、夕まぐれ、何度か彼らと遭遇したことがある。楽園ゆえに個体数が増えてはいないか。

数年前から山麓の集落では、畑地をフェンスで囲み、鹿の侵入に備えたが、食害を防ぎきれなかった。鹿が里にまで下りてくるようになったのは里山が放置され、鹿と集落とのあいだの境界がぼやけてしまった結果ではないかとの指摘があった。

昨夏、蓼科牧場で白昼、牛や馬と並んで鹿の幾家族かが悠然と牧草を喰《は》んでいる姿にわたしは唖然《あぜん》とした。行政もこれを見過ごすわけにいかず、ある程度の個体駆除が行われたものか、この夏、わたしは鹿と遭遇することはなかった。

だが、鹿に代わって新たな主役が、昨年あたりから暗闇にまぎれて侵入してきているらしいのだ。狸《たぬき》が最も好むのはトウモロコシ。それもほどよく実って、翌朝とりいれようと思っているのを、前夜狸に先んじられてしまう口惜しさ。

鹿は馬とともに「馬鹿」とよばれるほどの存在だが、狸は「狐《きつね》と狸の化かし合い」といわれるほどの知恵の持ち主だ。80歳になるKさんからいただいた野菜の中にこんな手紙が入っていた。

「二重三重、十重二十重《とえはたえ》の防護、狸公《たぬこう》の知恵を封ずるあの手この手のさまは皆様に見せたいくらいの満艦飾です。やっと採れたトウモロコシ、ご笑味ください」

（２００９年９月10日）

泉野方式に育まれたもの

農村恐慌の始まった昭和初期「村に座りこむ」と言って、諏訪郡泉野村小学校に前後18年勤めた藤森省吾校長は毎年春、母校諏訪中学を終えた若者を、代用教員として採用し、若い教師を分散して農家に下宿させた。「教師の成長は生徒の成長の基礎」であり、「勉強、学問は思いつきではなく、系統立てること」だと説いて、「三種の勉強」を課した。

⑴教授に関するものは放課後、学校で。⑵修養の書は朝、下宿で。⑶学問（形而上、形而下とも）は夜、下宿で。

学校では始業前、朝学で校長自ら『論語』を講じ、「我道一以貫之」という孔子の教えを我等《われら》凡人が践《ふ》むには「徹底と永続」が大切だと教えた。午後のひと時、職員研修には

『万葉集』、『長塚節歌集』、『赤彦歌集』などの読み合わせが続いた。

藤森校長の「徹底と永続」をまず実践したのは、決して若くはない代用教員宮坂英弌《ふさかず》さんだった。彼は学校に通う道すがら、八ケ岳山麓《さんろく》の一郭に広がる縄文式土器の遺跡の全貌《ぜんぼう》を掘りあげた。

諏訪中洲村の金子功さんは農村恐慌のどん底のような昭和8年3月、諏訪中学を終えて1年間、藤森校長の薫陶を受けただけだが、戦後、岩波茂雄亡きあと、「生地中洲村に岩波書店の図書が揃《そろ》っているような施設がないのは残念だ」との声に突き動かされるようにして「信州風樹文庫」を築く原動力となったのも、「徹底と永続」の営みに他《ほか》ならない。

昭和恐慌で進学の道を断たれた若者には、三十一文字の表現手段が残されていた。長塚節や赤彦作品の読み合わせに触発された金子さんには、70年に及ぶ作歌歴があるはず。周囲の勧めでようやく本人の手で編まれた『歌集　無字の經《きょう》』は、三十一文字で綴《つづ》られた日本農民の自伝と読める。

（2009年9月17日）

近松門左衛門の墓

中江兆民の『一年有半』は、重い病で余命1年余と診断された兆民が、気力あるうちに浄瑠璃を心ゆくまで聞いてみたいと、急遽《きゅうきょ》文楽の本場大阪に居を移すところから始まる。『一年有半』を手にとったのは若いころだったから、兆民のこの心境は到底わたしには理解できなかったが、今にして思えば明治の思想家中江兆民の中ではルソーと近松門左衛門はなんの矛盾もなく共存していたろうと推測することができる。

むしろ、シェークスピアやモリエールの芝居に親しみながら、近松門左衛門や竹本義太夫のことを忘れ去っているような今日の〝教養〟の方が歪《ゆが》んでいると、最近のわたしは思うようになっている。じっさい、東京で人形浄瑠璃を観《み》ようとしても、国立劇場小劇場のごく限られた企画しかない。同じようなことはすでに兆民の時代に始まっていたと考えれば、死を目前にして彼が一人大阪に居を移したのは、文化のありように対する抗議だったのではないか。

兵庫県の尼崎に用事があって出かけた。駅前広場に「近松のまち・あまがさき」という大きな看板が目につき心が躍った。きけばこのまちに近松門左衛門の墓があるという。

用事がすんだ翌日、わたしは知人の案内で広済寺という寺の一隅にある近松の墓に詣でた。50センチほどの緑泥片岩の自然石に、当時の物語作者の社会的地位が示されていた。

昔、本堂裏手に6畳二間と4畳半の仕事部屋があって、近松晩年の傑作がここで生まれたのだという。寺に隣接して没後250年を機に建てられた記念館があって文楽が観られるかと期待したが、二階ホールでは地区老人会の演芸会の最中だった。

東洋のシェークスピアと謳《うた》いながら、このまちが近松門左衛門を生かしきれていないのが口惜しかった。


（2009年9月24日）

蝉の声と補聴器

十数年前の冬この欄で、真冬だというのにわたしの耳の底に蝉《せみ》の声が絶えないと書いた記憶がある。今にして思えば、それは幻聴などではなく、耳の遠くなる前兆だったのにちがいない。

孫がわが家にくるたびにテレビの音量を下げることで、わたしは自分の聴力の減退を自覚するに至って愕然《がくぜん》とした。思いあたることは、ほかにもあった。

学生の質問を受けるとき、わたしはいつも耳朶《みみたぶ》を手のひらで包むようになっていた。外国映画はたいてい字幕で間に合う。七五調の文化に鍛えぬかれた吹きかえ技術に助けられてのことだが、日本映画の微妙な言い回しやひそひそ話をキャッチする力をわたしの耳は失っていたから、しばしば場面の転換に戸惑い、日本映画を見る機会は減っていった。

毎月1、2回、会議を司会する立場上、補聴器が必要になり、日進月歩の機械に大いに助けられた。とはいうものの、同時に何人かの発言があると、補聴器は3人の声を同時に伝えようとしてわが耳を混乱させることになる。ましてや会議が終わってパーティーに移ると、補聴器は会場の声を同時にすべて収めようとしてパニックに陥ってしまう。

そんなとき、わたしは人間の耳の解剖図を思い起こして、その構造の精妙と精緻《せいち》に感服せずにはいられなくなってくる。いまにして思えば、十余年前の冬、耳の底に蝉が棲《す》みついたように鳴き声が絶えないなどと呑気《のんき》なことを言っておらずに、大学病院の耳鼻科にでも走って、耳鳴りの原因をつきとめるべきではなかったか。

補聴器を用いるようになって5年ほどになる。なかなか機械と肉体は仲睦《むつ》まじくならないが、この夏、八ケ岳の麓《ふもと》で久々に、補聴器の助けを借りて小鳥たちの声に聴き惚《ほ》れた。

（２００９年10月８日）

補聴器と森のコーラス

「耳が遠くなる」という日本語は考えてみると、どこかおかしい。耳は顔の左右にちゃんとついていて、どこか遠くに逃げていってしまったわけではないのだから。外国語に翻訳しがたいニュアンスがあって、耳が遠くなってしまったといえば、長生きの印だと慰められる。こうして、補聴器を使うようになって５年になるが、長い歴史をもつ眼鏡や入れ歯などとちがって、発展途上にある補聴器にはまだまだ改善の余地が残されているのにちがいない。

じっさい、電車の中や食堂や、騒音の大きな工場ではなす術《すべ》もなく、インターホン、車内放送、病院の呼び出し音も、補聴器の苦手とするところで、ユーザーを著しく不安に陥れてしまう。概して補聴器がスピーカーの音に弱いのは、同じ機能を内蔵する補聴器の、スピーカー音に対する近親憎悪のなせるしわざなのかもしれない。

不順だった今年の夏、八ケ岳山麓《さんろく》は梅雨がいつ明けたかもわからぬまま秋風になってしまった。蜩《ひぐらし》は夏から秋にかけて鳴くはずなのに、7月の中頃《ごろ》の日暮れどき、送り出した客が歩み去っていった彼方から、蜩の微《かす》かな声がきこえてきた途端、背後のカラマツの梢《こずえ》から、カナカナというもう一つの美しい鳴き声が呼応して降りそそいできたのを、補聴器はまるごととらえてわたしを喜ばせてくれた。

たしか、長雨の止《や》んだその翌朝のこと、朝霧のカーテンを押しあけるアカハラの囀《さえず》りに森のコーラスを予感してつけた補聴器は、幾つかの小鳥の声を、わたしの遠くなった耳に正確に伝えてくれた。オオルリ、クロツグミ、コマドリなどのソプラノ歌手やドラマーのようなアカゲラの競演。それらはまごうかたなき天然の声にちがいなく、補聴器の持つこの異能に、わたしは力づけられた。

（2009年10月15日）

北東アジア非核地帯構想

8月の初め、世界の目はピョンヤンに向けられた。

クリントン元米大統領の突然の訪朝は、有罪のくだされた2人の女性ジャーナリストの身柄引き取りという名目とは別に、金正日総書記との会談があらかじめセットされていたのであろう。米政府は、クリントン氏の訪朝は個人の資格によるものとして内容を明らかにしていないが、北朝鮮側が米国との対話を熱望していることが示されたと推測されている。オバマ氏の米国に、北は賭けたのにちがいない。

口をへの字に結んだ元大統領と、いつになく邪気のない笑顔の浮かぶ総書記とがテレビに映し出された。総書記の健康と統率力を測ることが元大統領訪朝の主目的だったのであろう。クリントン氏の報告をうけ、時をおいて、オバマ大統領はCNNテレビで「彼はきわめて健康で事態を掌握している。病気中は後継者問題も大きかったが、いまは軽減している」と語った。

米朝間の2国間協議がいつ始まってもおかしくない状況が、温家宝中国首相の訪朝を生み、6カ国協議の芽が見えてもきた。この1年の間に、米国では〝ブッシュ〟から〝オバマ〟へ、日本では自民から民主へと政権交代が行われた。6カ国協議の主題が北東アジアの平和と安定であるとするならば、鳩山、岡田両氏らの間で議論されてきた「北東アジア非核地帯」構想は有効な提案となりうるだろう。

6カ国のうち、日本、韓国、北朝鮮で非核地帯を構成する。北朝鮮が核兵器を廃棄すると同時に、日韓両国は核の傘から離脱する。一方、米、中、露3カ国は、核の廃棄に向けて削減に努めるとともに、非核地帯3カ国に核攻撃をしないことを宣言する。このような波は南アジア、中近東に波及するかもしれない。

（2009年10月22日）

猫八師匠と上野動物園

昔、浅草で3代目江戸家猫八師のものまね芸のあとちょっとした芸談をきいたことがある。「わたしの学校は上野動物園でした。毎度入園料は払えないので、不忍池のほとりにたたずんで洩《も》れきこえる声をまねたりしました」ときいて、天性もさることながら努力の人でもあることを知った。7年前に故人となった。

3代目の子息は9歳でテレビドラマの子役になったとき、江戸家小猫の芸名をもらい、やがて父親の付き人として修業すること数十年。父の7回忌を終えてこの11月1日上野鈴本演芸場で4代目江戸家猫八としてトリをつとめることとなった。

襲名に花をそえるように、小宮輝之上野動物園長がタウン誌『うえの』に寄せた一文が面白い。今夏7月22日皆既日食を前に雲ゆきを気にしていた園長室に小猫氏が突然現れ、2人は早速園内随一の大声の持ち主シロテテナガザルの前に陣取って待ったが、皆既日食は曇り空に阻まれて期待は空しく終わった。

上野動物園の飼育係の中にはかくれた鳴きまね名人が何人もいて、小猫氏はカバ園長の異名を持つ西山飼育係からカバの鳴き声をすでに伝授されていた。のどに鳴き袋を持つフクロテナガザルはシャーマンともよばれ、飼育係歴50年の中山孝さんは酒席でシャーマンと声がかかると、「ホー・ホ・ホ・ホ・ホ…」と顔を朱にしてシャーマンになりきり満場をうならせた。小猫氏はすでに中山さんの名声も知っていた。

ライオンの咆哮《ほうこう》は小森厚飼育課長の右に出る者はいなかった。小宮園長は駆けだしの頃《ころ》クマを担当した。クマの語源は鳴き声だと説いたのは小森課長だった。柳家小さん師匠に似てコサンと名づけられた月の輪グマが小宮さんに向かってクマクマクマと甘えるように囁《ささや》いた。昔、猟師が「笹鳴き」と呼ぶ声だったという。

（２００９年11月26日）

廖承志さんの予言

1965年に初めて中国を訪問した頃《ころ》、中国における対日関係の責任者は廖承志《りょうしょうし》さんで、滞在中、何度か彼の談話（スピーチ）に接する機会があった。談話は通常中国語で、若い通訳が日本語に訳すのだが、ときどき通訳が訳につまると、廖さん自身がきれいな日本語で訳を訂正するのにわたしたちはびっくりした。若い通訳が未熟とみるや、休んでいたまえとでも言ったあと、流暢《りゅうちょう》な日本語で最後までしゃべってしまうこともあった。

きけば、廖さんの父廖仲愷氏は国民党の元老で、日本亡命中に承志さんは生まれ、幼い頃から日本語を学んだ。父仲愷氏が暗殺された後、承志さんはあらためて来日し、早稲田で学んだという。ときにベランメエ口調になることもあってわれわれの喝采《かっさい》を博したりした。

その廖承志さんが、池田内閣の所得倍増政策で経済成長をとげた当時の日本と大躍進の蹉跌《さてつ》に喘《あえ》いでいたにちがいない中国の現状を比較しながら、「中国が日本に追いつくには50年近い歳月が必要だ」と大胆に予言したのが記憶に残っている。

彼がどのような数字の裏づけをもっていたのかはわからない。まもなく中国では文化大革命が始まって10年近い混乱があった。日本経済にはその後バブルとその崩壊があった。いろいろあったにせよ、廖承志さんのそのときの予言が、その後ほぼ確実に現実のものになってきていることに、わたしはひそかに舌をまく思いにとらわれる。

とはいうものの、両国の経済の歩みに合わせ鏡のように映しだされる高齢化社会の姿にまで、廖さんの目は届かなかった。中国の人口は日本に遅れること30年、２０３０年代の半ばに、ピークの約15億に達した後減少に向かい、急速に超高齢社会に突入することになるという。

（２００９年12月３日）

第二章

信州のユーモリスト

〈2010年〉

国際生物多様性年と寅年

今年は寅年《とら》である。年賀状にはトラの姿や文字があふれているが、悲しいかな、トラはいまや絶滅危惧《きぐ》種の筆頭にあげられている。

ものの本によれば、20世紀初頭には10万頭以上のトラがアジア各地で、野生動物の頂点に君臨して棲息《せいそく》していたとみられている。

トラはアジア各地域にあって8亜種が数えられたが、すでに3亜種が絶滅したあと、絶滅の危機に直面しつつも、国立公園や保護区に指定されている地域に、次の5亜種がかろうじて生きのびているというのが実態なのだという。


アムールトラ（シベリア）、約４５０頭。

ベンガルトラ（インド）、約３５００頭。

マレートラ（インドシナ）、約５００頭。

スマトラトラ（インドネシア）、約５００頭。

アモイトラ（中国華南）は約30頭とも推定されるが、野生は絶滅した可能性が高い（小宮輝之氏による)。

これらの合計は5千頭弱。わずか100年の間に20分の1以下に減ったこととなる。20世紀前半は世界戦乱期、後半は自然乱開発期で、いずれも人類の恣意《しい》的な行動がアジア全域における野生動物の頂点にあったトラの生存を追いつめていったとみなければならない。

そのような反省の上に立って、1992年、国際協力で多様性の保全と適切な利用を進めるための生物多様性条約が採択された。

この条約の趣旨を体して、国連は今年2010年を「国際生物多様性年」と定め、この10月には生物多様性条約の第10回締約国会議が名古屋で開かれることになっている。寅年にちなんで、トラの種の保全も議題にのせてみてはどうだろう。

(2010年1月7日)

ゆたんぽ

わたしが子供だったころの信州の暖房は火鉢と炬燵《こたつ》だけで、燃料はもっぱら木炭だった。

火の用心のこともあってか寝室に火の気はなく、寒中の室温は外気と大差はなかったから、ハンガーにかけられた風呂上がりのタオルはまたたくまに凍って薄板のようになってしまう。湯冷《ざ》めは禁物で、すぐふとんにもぐりこむのだが、中にはあらかじめ母の手でゆたんぽが入れられている。ゆたんぽから伝わる熱とわたしの体温とで、ふとんの中には温室ができ上がり、やがてまもなくわたしは深い眠りにおちていく。

ゆたんぽには陶製の枕型のものとブリキ製の蛹《さなぎ》を平たくしたような型のものとがあった。陶製の方は冷《さ》めにくいのだが、栓がはずれて熱湯がもれる欠点があった。ブリキ製のは大量生産にふさわしいものの、朝起きる頃《ころ》には湯はすっかり冷めてしまっていたけれど、顔を洗うには人肌加減で悪くはなかった。

郷里を離れ、ゆたんぽと縁がきれて60年がたつ。数年前、腰を病んで以来足が冷えるようになった。電気毛布は寝苦しいばかりで安眠にはならなかった。登山用の水筒に熱湯をつめたのは気に入ったが、水筒に気の毒なように思えてやめた。

この冬は気象予報を裏切って、東京も寒い日が続く。家人が都心で、小型の水枕に似たゆたんぽを買ってきて、これがわたしのお気に召すことになり、足指にできた霜焼けを全快させてくれた。

ゆたんぽとは何語か？　漢和辞典に湯婆《とうば》ということばがあって、ゆたんぽのことと記されている。銅製の容器に熱湯を注いで床に入れるのは古来老いたる母の役割だったからか。いつのころか、湯婆《たんぽ》という重宝な容器を運んできた倭《わ》の商人は、湯婆《たんぽ》の頭にさらに湯《ゆ》という日本語をかぶせてゆたんぽができたものか。

（２０１０年1月14日）

念願の「新野の雪祭り」

昨年の夏、わたしは信州から一歩も外に出なかったと思っていたのだが、8月下旬下伊那の阿南町に出かけた折のこと。新野峠の道標をカメラに収めるため、焦点距離をあわせて二歩も三歩も愛知県に足を踏みこんでいたのだった。

旧盆を過ぎた新野の町に観光客の姿はなく、閑散としていたが、夜になると、三々五々、町の住民が通りに姿を現し、静かな盆踊りの輪ができたのが、わたしを驚かした。

旧盆の数日間、町の人びとは観光客へのサービスで踊りを娯《たの》しむ余裕があるわけはなく、1週間たったこの夜、地元の人たちだけの踊り納めに立ち会えたのは幸せだった。柳田国男が目撃した新野の姿はこのようなものだったのではないだろうか。

新野の雪祭りを世に伝えたのは折口信夫だが、わたしはまだそれを拝観していない。わたしのこの願望を忘れずにいたテレビ局の若い友人の誘いで、1月14日から翌朝にかけ夜を徹して行われる今年の雪祭りに行くことができたのはなお幸せなことだった。

新野の雪祭りは五穀豊穣《ごこくほうじょう》の祈願ゆえ雪は豊年の予兆だ。今年は前夜から降り積もる雪のなか、午後4時諏訪神社を発したみこしの列は2時間かけて伊豆神社へと続く。63名の小中学生の参加が祭りを若返らせ、雪におおわれた伊豆神社の神楽殿、本殿では輪舞、万歳楽などが次々に奉納され、深夜におよんで舞台は境内の前庭に移され、祭りはクライマックスに向かっていく。

大陸から張りだしてくる寒気に抗するように火の放たれた大松明《おおたいまつ》は薪能の始まりを思わせる。面をつけた幸法《さいほう》、茂登喜《もどき》は狂言の原型かもしれない。馬形をつけて舞う競馬《きょうまん》は最も人気の高い役柄で歌舞伎に通ずる。

新野の雪祭りには、この国の芸能の基本型がうめこまれている。

（2010年1月21日）

常念を見よ！

信州に生まれ育ったものには、日々仰ぎ見る山がある。生まれた盆地によって、見る山は異なる。

大正の初め、南安曇郡堀金村小学校に赴任してきた佐藤嘉市校長は、全校児童の集まる朝礼で西の空を指さし「常念を見よ！」と呼びかけるのが常で、児童たちはいつしか佐藤校長を「常念先生」と呼ぶようになったと、当時小学3年生だった臼井吉見さんは感慨をこめた回想を残している。

その20年ほど前すでにウエストンが常念岳に登頂していたにもかかわらず、地元の住民の中に登ったものはなかった。「登山」ということばは庶民の辞書にはなく、5月ようやく雪が解け始める頃《ころ》、中央の斜面に徳利《とっくり》をさげた墨染めの僧形が現れるや人びとは常念坊のお出ましと呼んで、苗代の仕度にとりかかるばかりだった。

赴任地で常念岳に魅せられた常念校長は職員室に常念岳研究会をつくり会員全員で常念岳に登る一方、村民に募金をよびかけ、万一のための避難小屋と安全な登山道もつくり、

2年越しで常念登山の先鞭《せんべん》をつけたといわれている。その翌年常念小屋が完成したとき、頂上には「誰がいつ頃どうやって祀《まつ》ったかは謎」の常念坊の石像が安置されていた、とある（「臼井吉見文学館友の会便り」）。

今冬、安曇野が最も冷えこんだ日わたしは臼井吉見文学館を訪れる機会に恵まれた。堀金村は隣接する豊科町や明科町とともに臼井さんの力作の題名に因《ちな》むかのように安曇野市に名が改まっている。

前夜遅く着いた宿は明科の高台にあった。翌朝、カーテンを引いたわたしは息を呑《の》んだ。眼下に犀川を挟んで安曇野が広がり、西に立ちはだかる屏風《びょうぶ》のように連なる雪の山々が朝日をあびて茜《あかね》色に燃えている。中央に一際《ひときわ》輝くのが常念岳だった。

（2010年2月4日）

再訪龍岡城五稜郭

わたしは1938年4月、南佐久郡臼田町の尋常小学校に入学した。入るとまもなく全校の春の遠足が組まれていて、1年生は仲よく手をつないで千曲川をへだてた田口村の新海神社に詣でた。そして龍岡城址《じょうし》の花の下でおにぎりを食べながら先生のお話をきくという、小学1年生にとっては、まことに消化不良になりそうなお勉強の遠足だった。とはいうものの、龍岡城は函館と並んで日本には他に例のない五稜郭という星形の西洋式のお城なんだという説明がなぜか脳裡《のうり》に刻まれた。

城郭の中の建物はほとんど撤去されてしまっているのが寂しく、代わりに城郭の中に小学校の建物が建っているのがちょっと羨《うらや》ましくもあった。それから6年たって旧制野沢中学で一緒になった田口村出身の同級生諸君がどことなく武骨《ぶこつ》に見えたのは、お城の中で育ったからなのではないかと思ったほどだ。

じつは最近知ったことだが、明治維新後とり壊しの対象となった龍岡城を囲む濠《ほり》は村のゴミ捨て場となり、さらには土手の土を崩して濠を埋めたて、養蚕が盛んになるにつれて桑畑に変貌《へんぼう》していたという。

五稜郭の濠を復元しようという運動が起こったのはわたしの生まれた翌年、それから1年かけてゴミも土も掘りあげられて水が通った。これを見て文部省が龍岡城を史跡に指定したのは1934年のこと。臼田小学校1年生の遠足に龍岡城が加えられたのは、濠の復元運動の結果だったことが分かる。

小学1年の遠足から数えると72年ぶりに龍岡城を訪れた。大手門と対面する位置に「五稜郭であいの館」という観光の拠点ができ、八十余名の「龍岡城五稜郭保存会」の会員が毎日交代で詰めている。雪の消えた野面に芽ばえた薺《なずな》のおひたしに舌鼓を打ったのも何十年ぶりのことだ。

（2010年3月18日）

土筆と西行桜

西の方から花の便りが聞こえてくる頃《ころ》になると、散歩道に土筆《つくし》が枯草の下から頭をもちあげているのを知っている。やがて桜前線が足早に北へ去っていく頃、道端の土筆はあと形もなく姿を消し、そこにはスギナの小さな藪《やぶ》がある。

「土筆《つくづくし》」（狂言）と「西行桜」（能）という演目の組み合わせにおびきよせられるように能楽堂に出かけたのだが、二つの演目には春を告げる以上の内的連関があるわけではなかった。だが、世阿弥の代表作の一つとされる「西行桜」には現代批評にも通ずるような面白さがあった。

桜の名所と知られる都の西に庵《いおり》を営む西行法師は、人を遠ざけて独り桜と対峙《たいじ》しようとしている時、若い花見客の訪れを拒むことができず、

花見にと群れつつ人の来るのみぞ
　あたら桜の科《とが》にはありける

と西行は当惑を歌にして、桜の罪に帰《き》そうとする。やがて夜となり、庭の桜の老樹が先刻の歌を口ずさむとみるや、白髪の老人となった木の精が現れ、「もとより心を持たぬ草木に、罪などあろうはずはないではないか。浮世を厭《いと》う心を持つ人間にこそ、その原因はあるのだ」との木の精の批判に、西行は反論する余地はなく、恥じ入るほかはない。

藤原定家らの撰《せん》によって、『新古今和歌集』に西行の歌は94首、最多作品が収録されたという。なかでも花（桜）と月が多く歌われ、晩年「願はくは花の下にて春死なむその如月《きさらぎ》の望月のころ」と歌い、釈迦《しゃか》の命日の翌日73歳で西行は亡くなった。平安末の最高の詩人が、桜の精に完膚《かんぷ》なきまでに批判されていることに注目したい。

桜の精の視線は、ほかでもなく能作者世阿弥の視線だ。若き日の世阿弥は、足利義満にその才を愛されたに拘《かかわ》らず、晩年、足利義教の怒りに触れて佐渡に流されたという。

（２０１０年３月25日）

実質無罪となった横浜事件

横浜事件・再審裁判の経過と結果を、折々の新聞報道で理解することはほとんど不可能だ。思案投げ首のところに、都内で再審裁判の最終報告集会があるときいて、出かけた。会場には、横浜事件や再審裁判に関する書籍や冊子が並べられており未見の資料につい手がのびた。

報告集会では気鋭の主任弁護士とベテランの弁護団長が交々《こもごも》経過を詳しく語ったあと、証言台に立った2人の歴史家と法学者が、それぞれ目から鱗《うろこ》のような見解を述べた。

横浜事件を解く鍵は、1925年普通選挙法と抱きあわせで成立した治安維持法だ。その第1条には「国体を変革しまたは私有財産制度を否認することを目的とした結社」を組織したり、それに加入してはならぬと示されている。

それから3年後、時の田中義一内閣は緊急勅令をもって治安維持法に死刑を導入し、「国体の変革」に引っかけようとすることになる。三・一五に始まり、小林多喜二の死に及んで、すでに日本共産党の司令塔はなきに等しいところまで追いこまれているのだが、コミンテルンは無くなりはしない。

42年8月、9月と雑誌『改造』に細川嘉六「世界史の動向と日本」が載る。その直前に写した細川嘉六を中心として『改造』、『中央公論』の編集者らの並ぶ一葉の写真が日本共産党再建を目論《もくろ》んだ泊《とまり》会議という虚構の事件にデッチあげられ少なくとも49名の出版社員らが横浜笹下の拘置所に繋《つな》がれ、拷問などの虐待で5名の死者が出た。

敗戦後慌しく判決が下り、裁判書類は裁判所の中庭で焼かれた。『改造』編集者小野康人の妻は夫の血染めのシャツは廃棄したが、裁判書類は保存し、再審は子に引きつがれ、実質無罪の刑事補償が決定した。近く官報と新聞3紙に公告される。


（2010年4月1日）

ユーモリスト熊井啓

20年以上も前のことで、その日の主題も忘れてしまったが、10人ほどの同世代のものが日比谷公会堂に集められ、若ものの前で10分間リレートークのようなことをさせられた。楽屋で簡単な打ち合わせがあってから舞台奥の椅子《いす》に並んだ。隣に座る巨漢が熊井啓さんと知って、挨拶《あいさつ》を交わした。同じ信州生まれの同世代でありながら、初対面というのが不思議な気がした。物静かで、壇上に立つのは苦手とお見受けしたが、彼が演壇に上がった途端、会場のあちこちに笑いが起きた。コップの水を手にするとまた笑いが…。

熊井さんの背中しか見えないわたしには、会場に湧《わ》く笑いの理由がわからないまま、熊井さんのスピーチはマルセル・マルソーに向けられるような上質の笑いに包まれて終わった。

熊井啓さんの映画はつねに社会性のある題材で、綿密な調査にもとづいて正義派的な主題をうたいあげることで成功する。その重厚な手法と日比谷公会堂における10分間スピーチの笑いとはどう結びつくのか。

残念なことに、映画界と文壇という職域の違いもあって、再会の機会がないまま、熊井さんは3年前に急逝してしまった。

つい先日、熊井啓『私の信州物語』という分厚な文庫本が届けられた。1幼年時代、2小学生時代、3中学生時代、4松本高校・信州大学時代、5信州の自然と文化、という5部構成からなる自伝的回想。

朝な夕な常念岳に見守られながら安曇野をかけ回る幼年の日のユーモラスな姿が躍如と

している。明子夫人の解説によると、晩年『池塘《ちとう》春草の夢』と題される私家版に急いで書いたものだという。映画とは総合芸術なるが故に、監督個人の自伝的回想は映像ではなく、このような形でしか残せなかったのが口惜しい。

（２０１０年４月８日）

アラジンのブルーフレーム

知人に奨《すす》められて、アラジンのブルーフレーム（英国製）という石油ストーブを購入したのは40年ほど前のこと。日本製品に比べると、倍近い値段だったが、マッチ１本でさっと円い芯に火が回り、小窓に青い炎環が見えるのが快かった。

20年ほどたってもう１台買い足したが、多少の改良が施されてはいたけれども姿形は40年前とほとんど変わってはいなかった。値段も40年前とそう変わってはいなかったが、満艦飾のような日本製品に比べると割安感が大きかった。取扱説明書を見ると長い年月かけて国際化時代のなかで規格化され、世界に通用する製品になったという安定感があった。

先代の第１号は古い芯をそのままにしていたことに気づかなかったため煤《すす》がもえ上がっ

たりして、取扱店に連絡すると、翌日輸入元から技術者が来て、直してくれた。いきおい第2号の方ばかり使って先代は納戸に納まっていることが多くなったが、昨年末、東京にも異常なほどの寒い日がつづき、2台のブルーフレームがフル操業してくれて助かった。

正月、親戚《しんせき》の集まりの席で、寒さにこと寄せて暖房器具が話題となり、ブルーフレーム愛好者の多いことがわかった。購入して20年、30年がたち、その間に転居したりすると、新しい芯の買い替えができぬままブルーフレームが物置に眠っているというケースが多かった。3台放ってあるんですという一家もあった。

日本の電子機器や暖房器具は作る側が新製品を売ることに熱心で、一つの製品を末永く売るという風習を忘れている。利用者も40年、50年使いつづけるという意思を失いかけている。

正月の集まりから数日後、物置に眠っていたブルーフレームがお陰様《かげさま》で蘇《よみがえ》りましたという電話が来た。

(2010年5月20日)

山梨平和ミュージアム1階にて

井上ひさし「絶筆ノート」の最後のページに、つぎのようなアフォリズムが書きつけられていたという。

過去は泣きつづけている──

たいていの日本人がきちんと振り返ってくれないので。

過去ときちんと向き合うと、未来にかかる夢が見えてくる

いつまでも過去を軽んじていると、やがて未来から軽んじられる

過去は訴えつづけている

(『文藝春秋』7月号)

井上ひさしさんが書き残していった格言に、3年ほど前から取りくんでいたグループが、山梨県の甲府市にいて、わたしに先週の日曜に招かれて「山梨平和ミュージアム」に出かけた。

閑静な郊外に市民の浄財で建てられた二階家の軒に、青色の地に白抜きの太字で「山梨

平和ミュージアム」の垂れ幕がなければ、やり過ごすところだったかもしれない。

玄関を入るとトイレ水回りを除いて1階全体が「甲府空襲の実相」「甲府49連隊の軌跡」「戦時下の暮らし」の展示と、これらの展示から触発されて集められた戦時下兵士の日記、書簡などの資料が所狭いまでに収蔵されている。

現北杜市高根町出身の内田俊一下士官は日中戦争の始まった年の9月10日に32歳で出征。10月22日午前7時ごろ上海近くで戦死するまで大学ノートに1日も欠かさず日記をつけた。死の２日前「妻たけよには此の通信直接お渡し下され度願上《たくねがいあげ》候」と記し、「折柄の朝霧の中にて敵弾の為戦死す（指揮官記す）」とある。妻たけよさんは亡く、長男勉さん（73）が守っていた。

韮崎市出身の五味民啓さんが家族に出した４２４通の手紙は彼が憲兵だったため検閲されず、戦争に懐疑的だったこともあって、一級資料として近く出版されることになった。

（２０１０年6月24日）

山梨平和ミュージアム2階にて

山梨平和ミュージアム2階は、山梨の生んだ唯一の宰相石橋湛山の生い立ちに当てられ、精彩に富む展示に多くを教えられた。

『湛山回想』に山梨県尋常中学校（のち山梨県立甲府中学校を経て、現在甲府一高）を怠けて2度落第したとの記述があり疑問としてきたが展示は明解な回答を示している。

―湛山は1895年4月、小学校4年修了（飛び級で2年早く）で山梨県尋常中学に入学し、1年次と4年次に落第し、1902年3月、7年かかって同校を卒業しています。おそらく1年次は二つ年上の同級生についていけずに、4年次には、俺《おれ》は同級生よりもまだ1年余裕があると思って落第したのではないかと思います―

山梨平和ミュージアムのもう一つの名は「石橋湛山記念館」ともなっており、この展示作製の中心を担った浅川保理事長に、湛山の母校甲府一高で11年間日本史の教鞭《きょうべん》をとっていた折、同校100周年記念館資料室に保存されていた『校友会雑誌』の中から、湛山の中学生時代の文章を次々に発掘するという大手柄を挙げた方。『校友会雑誌』から拾われた文章は左の7編。

石田三成論　4年　石橋坐忘

双鶴逸話　石橋湛山・宮川霜月

学術部総会状報　5年　石橋省三

武徳奨励会に臨みて　石橋省三

消夏随筆　5年　石橋省造

湛山随筆　5年　石橋省三

5首の和歌について　卒業生　石橋省三

「怠けて2度落第」という『湛山回想』の叙述はこれらの論稿によって根底から修正されねばならない。16歳から17歳にかけて省三青年の内部に名を湛山と改めるにふさわしい精神の展開があったことが見てとれる。そして最終学年、彼は終生の師大島正健校長と相まみえた。

（2010年7月1日）

甲府空爆の真相

グアム、サイパンなどを発進基地としてＢ29の東京空襲が始まったのは１９４４年11月24日のことだ。日本列島をおおう偏西風のため、Ｂ29は駿河湾の御前崎を目標とし、富士を東に見て甲府を目ざし、そこからほぼ直角に進路を東にとってジェット気流に乗れば、すぐ東京だ。

進路変更地点の甲府は轟音《ごう》に脅かされつつＢ29に黙殺され続けたが、東京、大阪のほか大都市があらかた焼き尽くされたあと、中小都市への夜間無差別爆撃に移ってまもない１９４５年７月、厚い雲に被《おお》われて天の川の見えない６日深夜から７日未明にかけて、１３８機のＢ29の猛爆によって焼き払われた。

当時甲府中学３年だった諸星廣夫少年は空襲下２日間のことを克明に記憶に刻み、のちに逓輸省航空大学校をへて日航に入り、総飛行時間１万６千時間をこえるベテラン機長になった人。入社当時の日航には元米空軍出身の機長が多かったが、Ｂ29に乗ったという証言は得られず、諸星さん自身現役を退いてから、全米Ｂ29戦友会などとコンタクトがとれて、マリアナ発Ｂ29の戦跡が徐々に明らかになっていく記録「元日航機長が語る空爆の真相」を、わたしは山梨平和ミュージアムで見せてもらい、目から鱗《うろこ》が何枚も剥《は》がれた。

甲府には第49連隊があったものの直撃は免れており、他に目標となるべき軍需工場などはなく、無辜《むこ》の民を蒸し焼きにする無差別爆撃に他ならなかったことが浮き彫りになる。

少年は父に励まされて消火に努めるが、自宅は瞬く間に焼け落ち、父母の姿を見失う。母は貯金通帳を背に仰向《あおむ》けに焼けた姿で発見され、再会した父は全身焼けただれ、リヤカーに乗せて田舎に逃げのびはしたものの、父は息絶えていた。元日航機長の記録からは、死者への鎮魂と非戦の願いが伝わってくる。

（2010年7月8日）

『琉球新報』の世論調査

米軍海兵隊普天間基地を名護市辺野古地区・隣接水域に移して建設することに合意した5月28日の日米共同声明を受け、沖縄14市町村の有権者を対象に米軍基地問題を中心に『琉球新報』の実施した世論調査の一部を、あらためて見ておきたい。

質問1　あなたは辺野古付近への移設に賛成ですか、反対ですか。

⑴賛成　6・3%

⑵反対　84・1%

⑶わからない　9・7%

質問2　(1で反対と答えた人に) 反対の理由を教えて下さい。

⑴県内他の場所へ移す。4・4%

⑵県外日本国内へ移す。16・4%

⑶国外に移すべきだ。36・4%

⑷無条件で基地を撤廃。38・0%

⑸わからない。4・8%

質問3　米軍の日本駐留を定めた日米安保条約をどう考えますか。

⑴維持すべきだ。7・3%

⑵破棄すべきだ。13・6%

⑶平和条約に改める。54・7%

⑷米国を含む多国間安保条約に改めるべきだ。9・7%

(5)わからない。14・7％
質問4　沖縄への米海兵隊の駐留をどう思いますか。
(1)必要だ。15・1％
(2)必要ない。71・2％
(3)わからない。13・8％
質問8　あなたは鳩山内閣を支持しますか。
(1)支持する。8・0％
(2)支持しない。78・2％
(3)関心がない。13・8％
この世論調査には沖縄県民の心情が如実に映しだされている。『琉球新報』は英語の記事を紙面に組み、社説も日英両語で出したりもした。

鳩山首相の辞任は、この世論調査の発表の2日後のこと。6月から7月にかけての参院選で、いじめにも似た〝消費税〟の狂騒曲が沖縄の苦悶《くもん》を掻《か》き消してしまった。

（2010年7月15日）

韓国併合100年を前に

玄界灘をへだてただけの隣国でありながら、戦後20年たった1965年になって初めて日韓基本条約によって両国の国交は開かれた。この条約の第2条で、1910年8月22日とそれ以前に結ばれたすべての条約と協定は「already null and void（もはや無効）」であると宣言されたのだが、この条項の解釈は日韓両政府では分かれた。

日本政府は、韓国併合条約等は、「対等の立場で、また自由意思で結ばれた」もので、1910年の締結時より効力を発生し、1948年の大韓民国成立時まで有効だったとの解釈に立ったのに対し、韓国政府は、「過去日本の侵略主義の所産」の不義不当な条約は「当初より不法無効である」との解釈に立った。

当時、国会図書館の憲政資料室に通いつめ、伊藤博文・桂太郎文書や日清・日露外交資料の山と格闘していた山辺健太郎さんの痩躯《そうく》を、わたしには思い起こさずにいられない。

山辺さんの『日韓併合小史』（岩波新書）は1966年の上梓だったから、残念ながら日韓基本条約の締結には間に合わなかった。小学校卒の学歴ながら該博な知識と厳密な史料批判の眼《め》をもって書かれたこの史書には今も瑞《みず》々しい力があって、読むものの蒙を啓《ひら》いてくれる。

わたしの蒙を啓いてくれたもう一冊は、今年の元旦に亡くなった角田房子さんの残した『閔妃暗殺』(新潮文庫)だ。明らかにされた事実と、そこから汲《く》みとられた認識をもって歴史を振り返れば、日韓基本条約第2条に関《かか》わる日本政府側の解釈は訂《ただ》されねばならない。

韓国併合100年を前にして、「植民地支配がもたらした多大の損害と苦痛に対し、痛切な反省と心からのおわびの気持ちを表明する」という首相談話を良しとしたい。

(2010年8月12日)

鏝絵に飾られた蔵の町

諏訪盆地、とりわけ茅野の民家には土蔵が多く、独特の飾りが施されている。以前からそれが気になって車の速度を落とすと、後続車の警笛に叱《しか》られることもしばしばだった。

わが隣人の芦田吉美さんが定年と同時に蔵を飾る鏝絵《こてえ》にカメラを向けて1年余、この夏「消えゆく左官職人の技、鏝絵」と題する分厚いスクラップが5冊となった。折しも茅野市美術館での「藤森照信展」の関連企画「諏訪の路上観察」物件に、スクラップから「蔵の立役者」とのテーマで応募した芦田作品「茅野市塩沢の柳沢家の恵比寿、大黒さん」が藤森照信賞に選ばれたのはめでたいことであった。

鏝絵とは、幕末伊豆松崎の左官入江長八によってあみだされ、明治初年その弟子たちをはじめ多くの左官によって全国に広まっていったとされるが、伝播《でんぱ》の詳細は分からない。

幕末から茅野と伊豆は、寒天とテングサで強く結ばれた。蓼科高原を屛風《びょうぶ》にして冬季、寒天を製造するに絶好の気象条件をもつ茅野に、伊豆のテングサが運ばれてくるのと同じ道を通って伊豆の長八鏝絵が運ばれてきたのではないかと想像するほど、茅野の民家の土蔵はみごとな鏝絵で飾り立てられている。鏝絵ゆえに蔵は保存されつづけているとも見える。芦田さんの推測では１２００から１３００棟に近い蔵が今も茅野の民家には残っているという。

生糸という商品作物には好・不況はつきもので、10年に１度とかの好況に応じて設備投資としての蔵が建てられたとみれば、なんとなく7年ごとにめぐってくる御柱祭りに通底していそうな気がしてくる。施主はどことなく鷹揚《おうよう》で、仕事を急《せ》かせることなく、念入りであることを勧め、左官職人はその意気に感じて、思いの丈を鏝絵に塗りこめて、蔵のある町ができたのではないだろうか。

（2010年8月26日）

誕生日は大正12年9月1日

ドイツ帰りの村山知義を中心に結成したマヴォの会は1923（大正12）年7月浅草伝法院を会場としてマヴォ第1回展を開いた。

柳瀬正夢《やなせまさむ》が出品した「5月の朝と朝飯前の私」は45センチ×45センチの小品ながら、カンバス一面に数十のビル群が空からばらまかれたように未来派風なタッチで描かれ、後世、柳瀬の代表作の一つとされている。ビルの窓から赤い火が見え、大地がぐるぐる回り、ビルが揺れているような不安な構図。しかもカンバスの裏面に「潜む暴力」というもう一つの不思議な抽象画が描かれている。

展覧会が終わって1カ月もしない9月1日午前11時58分関東大震災が起こり、当日、親炙《しんしゃ》していた大山郁夫邸の書斎で主人もろともあわや本の下敷きになりそうになった。翌日まで本を片づけていた大山家に憲兵隊が踏みこんで大山が拘引されたが、柳瀬の急報で新聞人の知るところとなり、大山は大杉栄の道をたどることから救われた。

柳瀬の下宿に憲兵隊が踏みこんだのは翌晩のこと。浴衣姿で引き立てられていく長髪の若者の背に「やっぱり朝鮮人だったんだな」「殺しちまえ」と自警団から罵声《ばせい》が飛び、戸塚分署に引き立てられる途中、鳶口《とびぐち》で叩《たた》かれ、棒で足を払われ、銃剣で尻を傷つけられた。留置場の先客の中に若き平林たい子がいたという。

後に抽象画を放擲《ほうてき》し、『無産者新聞』に鋭い風刺画を描くようになった柳瀬は、三人称で自伝を書いたがその冒頭にこうある。

―彼の生年は大正12年9月1日、全く真面目《まじめ》で言ってるのである。彼はぐうたらであり過去の艦褸《らんる》をば此《こ》の日きれいさっぱりと棄《す》てたから。関東大震災の焼土の中に。―

満州を放浪する80万朝鮮人同胞の後ろ姿を、柳瀬は槿《むくげ》（併合前の韓国国花）の枝を絵筆にして描いた。


（2010年9月2日）

三州往還・月瀬の大杉

この夏、下伊那の根羽村を縦貫する国道153号線（三州往還）の途中で、国指定の天然記念物「月瀬《つきぜ》の大杉」に出会った。

杉は Cryptomeria japonica という学名に示されてもいるように、日本特産の樹木だけに、杉の巨木は各地にあるが、月瀬の大杉は信州第一の巨木で、天然記念物に指定された当時のデータが、説明板に明記されている。

<目通り1・5メートルの高さで幹廻《まわ》りが約14メートル。樹高は40メートルに達する巨木であり、昭和19年11月国の天然記念物と指定された。樹齢は文部省調査による指定当時の1800有余年を採用している>

66年前の指定当時1800有余年であったとすれば、今日すでに、1900歳に近い樹齢と考えてよいだろう。

目通り1・5メートルの高さで幹廻り約14メートルの幹は根元から4メートルほどのところで左右二つに分岐している。このため巨木は安定して、1900年間の風雨に耐える力を持ったといってよいのかもしれない。今、北側に根羽川が流れており、愛知県に至って矢作川と名をかえて三河湾に注いでいる。おそらく、１９００年前から根羽川は月瀬の大杉にとって母なる川であったに違いない。

根羽川に沿う三州往還が通ったのはもっとずっとあとのこと。甲州、信州を治めた武田信玄が三河に攻め下ったのや、信玄死後、織田信長が信州に攻め入り、武田勝頼の首級を満足げに信長が受けとる姿を月瀬の大杉は見ていたであろう。

月瀬の大杉にも存亡の危機が2度あった。弘化元年には江戸城本丸焼失後の用材として、また明治41年村内神社統合の後、大杉売却の決議がなされたときも、月瀬全住民の団結の力によって大杉の命は永らえたと、説明板は誇らかに伝えている。

（２０１０年9月30日）

供述調書という名の病理

腰椎狭窄症《ようついきょうさく》の手術後しばらく起き上がれないまま、看護師さんに足のつめを切ってもらった。その技量に感じ入りながら、フットケアが老人介護に欠かせぬ仕事だということをわたしはそのとき実感した。

退院してまもなく、北九州のある病院で「看護課長が認知症の老人患者4人のつめをはがす虐待を行った」と病院側が記者発表したことから、「つめはぎ事件」として大きく報じられたのが、わたしの記憶に強くきざみ残された。

病院側は上田里美看護課長（40）＝当時＝を刑事告発し、福岡県警は彼女を逮捕、そして解雇。病院側の一方的な記者発表ででき上がった「つめはぎ事件」の惨酷《ざんこく》イメージを修正するような医療関係者たちの発言がメディアに出なかったのは、一線記者たちの怠慢からか。

世論のバックアップを得られぬまま、100日をこえる拘置期間を一介の看護師が耐え抜くことは至難。「『看護師ではなく、人として話せ』といわれた」、「いくらケアと言っても信じてくれなかった」という落とし穴の中で、今から思うと「警察や検察のイメージした通りに動かされてしまった」結果、彼女の「供述調書」はつくりあげられていたのだという。

一審福岡地裁小倉支部は、こうしてつくりあげられた供述調書を認め、懲役6カ月執行猶予3年の判決。これに対して医療現場からは「看護業務の萎縮《いしゅく》を招く」との懸念が寄せられ、検察側証人の医師からさえ、「切り方や処置後のつめの状態に問題はなかった」との証言があった。

「故意につめをはいだ」との被告の供述調書を福岡高裁は「被告の真意を反映せず、捜査官の意図を押し付けられたか、誘導された疑いが残る」と検察側に厳しく警告し、一審判決を破棄、無罪を言い渡した。

（2010年10月7日）

命をはぐくむ田んぼ

山下惣一さんのルポ「命をはぐくむ田んぼ」（『家の光』11月号）によれば、朱鷺《とき》はドジョウ、イモリ、ザリガニ、ミミズ、バッタ、赤蛙《あかがえる》その他水中昆虫を1日に200グラム、年間73キログラムを食す。かりに100羽の朱鷺が佐渡の空に舞うとすれば年間7300キロの餌が必要なわけだが、ドジョウ、ザリガニ、イモリたちにも餌が必要で、その餌にもさらに小さな無数の餌が要《い》る。朱鷺を頂点とする食物連鎖の生きものの育つ田んぼはどうすれば可能なのか。

九州に住む山下さんが佐渡に出かけたのは、その難問を解くためだった。20世紀の末に中国から「友友《ヨウヨウ》」「洋洋《ヤンヤン》」のペアが佐渡に贈られ、人工繁殖を機に、自然放鳥を目ざして7人の農民が「佐渡トキの田んぼを守る会」を結成。無農薬栽培、冬に水をためる「ふゆみず田んぼ」、不耕起栽培、休耕田のビオトープ化などの試行錯誤が始まった。

除草剤無用につき、田を這《は》い回る手取り除草となった。蛙がクモを食べる姿や、ヤゴが稲にすがって羽化するさまを目にし、「田んぼは米の生産工場だ」という思考が根底から覆され、「田んぼは命をはぐくむ場だ」と確信されるようになった。

7名の2ヘクタールから始まった「佐渡トキの田んぼを守る会」は10年目の今年、26名の田んぼ合計38ヘクタールに拡大した。「佐渡トキ保護センター」にはテン小僧が侵入したりして騒がせたが、現在国内に生存する朱鷺の総数は約190羽。同センターには年間20万人が訪れているという。

「佐渡トキの田んぼを守る会」を立ちあげた中心の斎藤真一郎さん（48）は「トキを500羽にしたい。佐渡にくれば誰でも、いつでも、どこでもトキが舞う姿を見れるようなそんな島にしたい」と夢を語る。佐渡を生物多様性の実験場と見たい。

（2010年10月14日）

微かにあいた鮭産院の扉

甲武信ケ岳中腹に源をもつ千曲川が三国山や金峰山から流れ出る幾筋かの沢水を集め、川幅を広げながら川上村の集落を潤して流れる姿には大河の源流にふさわしい気品があって、川底に敷きつめられた小石からひとつの空想が浮かんでくる。清流の中を数えきれぬほどの鮭の群が子孫を残すために遡《さかのぼ》っていく姿。

川上村から山をへだてた北相木村の栃原岩陰遺跡からかつて総重量２００キロをこえる獣骨が発見され、中に鮭の椎骨《ついこつ》も混じっていた。千曲の支流相木川に臨む洞窟の縄文人が鮭を食していたことは明らかで、この国で海から最も遠い地点が鮭の産院だったことがわかる。

わたしが千曲川の水に親しんだのは１９４０年代のことで、そこに鮭の姿はなかったが、ものの本によれば１９２０年代まで上田での鮭の水揚げは60〜70トンほどあって、冬の貴重な海魚だったと記されている。太古の昔から１９２０年代まで信州は鮭を介して海と結ばれていたことがわかるが、飯山市西大滝に電力のためのダムが完成した時点で鮭のための千曲川産院は、冷たく固く閉ざされてしまった。

10月20日の本紙夕刊によれば、上田大橋下流の千曲川でやな漁をしている中山泉さん（67）がこの日午前5時20分、木組みのやなに巨大なイワナがかかっていると近づけば、やな漁3代目の中山さんが初めて見る鮭と気づいて仰天したさまが伝わってくる。体長60センチ余、重さ1・6キロの雌3歳、産卵して命絶えていた。3年前千曲市で放流した稚魚の1匹なのかもしれない。河口から230キロで力尽きた姿は剥製《はくせい》として公開されるという。

西大滝ダム下流のJR東日本宮中《みやなか》取水ダムで、昨年3月違法取水が発覚、以降放流量が増え、ために鮭の産院の扉が微《かす》かにあいたものか。


（2010年10月28日）

虫たちの越冬

てんとうむしはアブラムシやカイガラムシを捕食する益虫と「生物」の授業で教えられたが、わが縄文農園に侵入するてんとうむしは、ジャガイモ、トマト、ナスの葉を派手に食い荒らしてわたしを悩ませる。

子供の頃《ころ》、かめむしをわたしたちはヘコキムシとかヘッピリムシと呼んでひたすら排斥したものだが、図鑑を見ればクチブトカメムシは自分の体の2・5倍もあるモンシロチョウの幼虫のアオムシを日に5匹食べてくれるとある。高原の大根畑にとってクチブトカメムシはこの上なくありがたい益虫なのであろう。

夏の終わり、わが仕事場の灯《あか》りをめざしててんとうむしとかめむしがどこからともなく入りこんできて原稿用紙の上にとまる。待ってましたとばかり天眼鏡で彼らの背中の天然のデザインを観察する。その精妙な文様は中世十字軍の鎧兜《よろいかぶと》などを連想させて楽しませてくれるが、かめむしだけは原稿用紙に載せたままそっと窓の外の闇にお引きとり願うことにしている。手でつまんだりすると腹部の臭腺《しゅうせん》から強烈な悪臭を放って抵抗すること必然だからだ。

大菩薩峠から塩山に降《くだ》る紅葉の峠道で数百の小虫が秋の陽を浴びて空中に乱舞しているのを目にしたことがある。同行の若者が精巧な望遠レンズでとらえたカメラにはてんとうむしの群が映しだされていた。てんとうむしは成虫のまま越年すると、昆虫図鑑に見える。晩秋の陽光をいっぱいに浴びたてんとうむしたちは越冬のためのねぐらを探し求めていたのかもしれない。
11月の小春日和の続く中、仕事場の戸締まりの点検に出かけた。2階の南側の雨戸を開けて驚いた。網戸とガラス戸の間に10尾ほどのカメムシの一族がすでに越冬態勢に入って仮眠中。厳冬の彼らの無事を願ってそっと雨戸をしめた。

（2010年11月18日）

消えたニュウ

くさかんむりに高い木と書いて藁《わら》という字ができあがる。脱穀が終わってまもなく稲わらの束が田んぼのまん中に円錐《えんすい》形に積みあげられたのを、佐久あたりでは「ニュウ」と呼んだ。

冷たい浅間颪《おろし》が吹きつける田んぼでも、ニュウの南面の日だまりだけは暖かく、子供らはそこで日向《ひなた》ぼっこをしたから、ニュウはだんだん形が崩れていくのであった。

晩秋の田んぼからニュウが姿を消していったのがいつごろなのか、郷里を離れていたわたしは正確なことは知らないが、耕地整理が進み、一枚の田が広がって、そこにコンバインが導入されてきたころなのではないだろうか。脱穀とほぼ同時に、稲わらも細かく切りきざまれて、田んぼに散り敷かれてしまうことになったものか。ニュウの姿が目に焼きついているものにとって、田んぼからおへそが消えてしまったように思えてさびしい。

稲わらは麦わらなどとは違って、じつに多様な用途を持っていた。かなりの量が家畜の敷わらとなったあと堆肥となって土に帰ったが、壁や畳の芯など建材にもなれば、蓑《みの》や草履《ぞうり》や草鞋《わらじ》のような日用品にもなり、縄やむしろのような生産用具にも生まれ変わってみせた。

稲わらの柔軟性、多様性は、長い年月にわたって水田という名の水栽培によって生みだされたとみてよい。そこにはヤマカガシもいれば殿様ガエルもおり、カワニナがいたからホタルが湧き、稲の出穂とともにイナゴがはね、赤トンボが舞った。稲わらの柔軟性、多面性はそのような共生のなかで育まれたのであろう。

耕地整理で拡大された水田を結ぶ三面ばりの水路のほとりを歩いたとき、足もとから一匹の大エルが水路にとびこんだ途端、奔流に呑《の》まれるのをわたしは呆然《ぼうぜん》と見送った。

（2010年12月9日）

異色の官僚を悼む

京大医学部卒業後、滋賀県保健所を振り出しに、京都府庁から厚生省へ転出、各課技官・課長をへて公衆衛生局長、医務局長ののち1983年退官と記すと、典型的な官僚人生と映るが、大谷藤郎さんは異色の厚生官僚だったことが、フランスベッドの研究財団から出版された全3巻の立派な著作集にみごとに映し出されている。

学生時代死の病といわれた肺結核からペニシリンによって救出された大谷さんが郷里の保健所員となったのは結核撲滅を目ざしてのことだったのではなかろうか。その公衆衛生的視野と調査力が生かされたのは、1962年厚生省精神衛生課技官として全国の精神衛生実態調査をまかされてからのことだ。

「人間の頭を勝手に調査するとは何事だ！」と批判されつつも、戦後初めて行われた全国規模の実態調査を契機に全国精神障害者家族会連合会が生まれ、65年精神衛生法改正が実現したのは、大谷技官の力技による「63年精神衛生実態調査報告」が起爆剤になってのことだった。

京大医学部時代の恩師小笠原登教授は、戦前ただ一人ハンセン病は極めて伝染力は弱いとして、大学病院で診察治療をしていたため異端視されていた学究だった。戦後一刻も早く「らい予防法」は廃さるべきところ、53年新らい予防法によって患者の隔離は続けられた。大谷国立療養所課長一人の力ではいかんともし難い縛りがかけられていた。

退官後16年たった99年8月27日、熊本地裁でのハンセン病訴訟の法廷で「らい予防法の制定は新法、旧法とも誤りであった」という原告、被告双方の証人である大谷証言が決め手となって、裁判は終わった。

葬儀の翌日『「消えた山」序曲』という遺書にも似た大谷さんの著作が御本人の名で送られてきた。

（2010年12月16日）

第三章

天災の陰に

＜２０１１年＞

メジャーとなった箱根駅伝

箱根駅伝は1920年に始まり、今年87回を迎えたのだという。甲子園大会や6大学野球と同じほどの長い伝統がありながら、ひたすら走るだけの地味な競技だったため印象はいまいちだったのだが、ここ数年箱根駅伝は正月テレビの中でメジャースポーツにおどり出てきたような観がある。

元日の昼下がり、郵便受けに分厚い賀状の束がストンと落とされ、夕方近くまで1枚1枚拝見し、それはまこと至福のひとときなのだが、読み終えて手控えの名簿と照らしあわせると、半数近い方々に新たに賀状をお出ししなければならないこととなり、翌2日にずれこんでいく。

なぜ暮れのうちにさしあげなかったのか。半ば自責にかられながらの宛名書きは辛《つら》いのだが、テレビをつけると、箱根駅伝の往路が映し出され選手の吐く息が励ましになって伝わってくる。サッカーやラグビーと違って、宛名書きの手を休めて画面をちらっと見るだけでよいのが駅伝のペースだ。

しかも今年の箱根駅伝にはお屠蘇《とそ》気分を吹きはらってくれる場面が随所に仕組まれていた。

1区早大のルーキー大迫選手は1キロすぎに抜けだし区間賞をとって同じ佐久長聖高出身の平賀選手に。同じ2区で最下位（20位）でたすきを受け、一挙に17人抜きをやってのけた東海大の村沢選手も同じ佐久長聖の出身で、最優秀選手として金栗賞を手中にした。5区の山上りで3年連続往路優勝を東洋大に引き寄せたエース柏原選手の力走。翌3日6区山下りに見せた早大高野、駒大千葉両選手も佐久長聖の出身として光る存在だった。凍った箱根のカーブで転倒してなお動ずることのなかった高野選手。

この日のために1年間鍛えぬかれた200人の足の筋肉が躍動した。

（2011年1月6日）

月に住む兎

鳥獣戯画として教科書でもおなじみになっている国宝「鳥獣人物戯画絵巻」（高山寺蔵）を数年前、都心の美術館でみる機会があった。四部からなるこの絵巻の圧巻は何といっても、ウサギとカエルが組んずほぐれつしながら大活躍する冒頭の甲巻であり、動画の原型といってよい。

サルやキツネやイノシシなども出てくるが、最も生彩にとむのはウサギだ。飼いウサギ（ラビット）が渡来するのは室町以後のこと。この絵巻に描かれたのはすべて野ウサギのはずだが、その生態はじつに的確にとらえられており、疾走するウサギの長い耳は風になびくどころか、アンテナのようにピンと立っている。平安の都に野ウサギは日常の動物だったのに相違ない。

ときに野ウサギたちは畑作物を荒らしたろうから、説話伝承の世界では、たとえばイナバの白ウサギのように浅知恵の働く生きものとして伝えられることになる。イソップなどもカメの肩を持ってウサギをやりこめてしまう。

わたしが小学生の頃飼ったのは人間の手で改良が重ねられたアンゴラウサギ。クズの葉とクローバーを好み、驚歎《きょうたん》に値するほどよくオシッコをしたから、毎日敷ワラを換えるのが大変だった。姉に編んでもらったアンゴラの靴下は温かかった。

卯《う》年の年頭、Kさんの年賀状に、「玉兎の徳」という説話があった。

—その昔、飢えた老翁に身を変じた神が下界に下り、狐《きつね》・猿・兎《うさぎ》に食物を乞います。

狐・猿はそれぞれ食物を手に入れて老翁に与えますが、兎は何も手に入れることができません。それを悲しんだ兎は、我《わ》が身を焼いて供すべく、燃えさかる炎に身を投じたとか。清冽な自己犠牲に感服した神は、兎の屍《しかばね》を抱いて天に昇り、生き返らせて月に住まわせた由です―

（２０１１年１月13日）

中国は「ルイスの転換点」を迎えたのか

工業発展の過程で、農村の余剰労働力は加速的に都市に向かって移動するが、いつまでもつづくことはなく、いつか枯渇し、ついには経済の高成長は停止するであろう。英国のノーベル賞経済学者故アーサー・ルイス氏によって１９５４年に提出されたこの説は「ルイスの転換点」と呼ばれている。

日本における「ルイスの転換点」は60年代前半といわれるが、金の卵と呼ばれた集団就職の若者たちのなかに永山則夫という少年の姿もあった。石油ショックのころから夜中東京の地下鉄工事を支えていたのは、東北農村の農家を支えるべき大人たちの出稼ぎの姿だった。ルイスの転換点に立っていた日本農村に国の支援はほとんど及ばなかったことを示していたのではないだろうか。

『人民中国』という雑誌の1月号が「転換期むかえた中国経済」という特集を組んで、昨年2月の春節の休暇に広東省の珠江デルタ地帯の工場から内陸部の農村に帰省した「農民工」たちのうち、休暇後珠江デルタの工業地域に戻ってくる人たちは極端に少なく、深刻な労働力不足に陥った実態が報告されている。

それとは対照的に上海、杭州、寧波などいわゆる長江デルタ地帯には、春節後これまでにないほど長距離バスが増発され、労働力不足はなかった。農民工の出稼ぎ先は賃金だけでなく、保険、労災、養老年金の有無など、企業努力が労働力確保の大きな要件となってきた。

労働力不足の衝撃を受け、ルイスの転換点が中国経済のホットな話題となっているなかで、一人っ子政策の結果が大きな影を投げている。一方、農民工の90％以上が45歳までの青壮年層であり、中国農村には45歳以上の労働力は課徴金、農業税の廃止など「三農政策」に守られ温存しているという実態も見逃せない。

（2011年1月27日）

「中国帰国者の会」誕生の頃

ＮＰＯ法人「中国帰国者の会」会長の鈴木則子さんが1月26日、肺がんで亡くなった。82歳であった。

山本慈昭さんに鈴木則子さんの名を教えられ、郊外の都営住宅に彼女を訪ねたのは25年以上も前のこと。

１９４５年8月開拓団員１８００人の殺された葛根廟《かっこんびょう》事件を生き残った彼女は、中国人の家を転々とした末に、賭博師に売られた。日本語を忘れまいと、夜そっと外に出て降るような星を見上げながら、知っている限りの日本の歌を低く歌い、涼しげな日本語を保ちつづけた。

親切な中国人がいて、賭博師に現金を渡して鈴木さんを買いもどしてくれた。恩人には息子がいて、のちに彼女の夫となった。敗戦当時13歳以上で鈴木さんのように中国人と結婚せざるを得なかった女性を、日本政府は自らの意志で〝国際結婚〟をしたものと見なし、12歳以下の残留孤児と区別して、残留婦人と呼ぶこととなった。

夫は優しく家庭は円満だった。だが、選択肢のない極限状況での結婚は、〝国際結婚〟であるわけはなく、その呼称は残留婦人の帰国に立ちはだかる障壁とさえなった。

日中国交回復から6年目の1978年、鈴木さんは35年ぶり祖国の土を踏み、ほとんど独力で夫と5人の子供とその家族たちを迎え入れた。その頃《ころ》、滞っていた残留孤児の訪日身元調査がようやく動きだし、80年代に入って、中国残留孤児へのメディアの関心がヒートアップするのと逆に中国残留婦人への無関心が厚くなっていったともいえる。

鈴木則子さんが一橋や津田塾の学生たちの協力のもと三鷹市に「中国帰国者の会」を設立したのは1982年のこと。シンプルな会名に〝国際結婚〟という手のこんだ自己責任論への批判がこめられ、ユニークなNPOの誕生となった。

（2011年2月3日）

最高裁裁判長異例の少数意見

「中国帰国者の会」の鈴木則子さんのことを先週に続けてもう少し書いておきたい。東京の京橋で青果物の問屋を営んでいた鈴木商店は、日中戦争で有能な店員を兵役でうばわれ、太平洋戦争が始まると商品の青物が不足し、統制経済のもと店は廃業に追いこまれた。店を閉めた転廃業者を対象に、東京満蒙開拓団の計画が持ちこまれた。洋品店や果物店や豆腐店に満州開拓ができるわけがないと父は反対であったものの、事務係として開拓団に加わった。女学生であった則子さんは医者志望であったが、お国のため天皇陛下のためということばに弱く、五族協和を信じ、学校を中退して海を渡った。

興安南省の厳しい風土に、半年後父は没し、母もその後を追い、則子さんは開拓団の小学校の助教となった。王君という同年輩の用務員がいて親しくなり、「こんな広い大地があるのに王君たちはどうして貧しいの?」と問いかけ、「あんたらがみな奪ってしまったからだ」と激しく抗議されたのが忘れられない。

敗戦で立場が逆転し、初めて自分たちは何も知らない侵略者だったのだと知り、中国語を手探りで学び、必死になって歴史を勉強した。

共産党の地区委員から「君たちも中国人民と同じように日本軍国主義の犠牲者なのだ」と慰められたときには母の懐に抱かれたように嬉《うれ》しかったが、日本に帰ってくるまでの33年間、日本人として侵略の罪障感を抱き続けてきたと語っていた。

中国残留孤児の「国賠訴訟」の起こる1年前、鈴木さんは2人の仲間とともに東京地裁に中国残留邦人として国賠訴訟を提訴し、最高裁まで訴え続けた。最高裁の上告は退けられたものの、宮川光治裁判長の「上告を受理すべし」との長文の少数意見が付されたのは異例のことだ。

（2011年2月10日）

「ベルツ水」と『ベルツの日記』

田圃《たんぼ》に水をはってスケートリンクが出来るのは寒《かん》に入ってからだったが、透明な氷が白濁して滑りやすくなるのはむしろ2月になってからだったような気がする。下駄スケートだったから、足にはよくあかぎれができ、黒いゴムのような薬を傷口にあて、焼火箸で温めると溶けて傷をふさぐという手荒なものだった。

戦時中の物不足で顔につけるクリームなどなくなっていたので、糸瓜《へちま》の茎から採《と》った樹液にリスリンをまぜ、「ベルツ水」と呼んで風呂上がりに荒れた手や顔に塗ると、たいへん気持ちよかった。ベルツというお医者が考えだしたものだと教えられたような気がする。

後年、『ベルツの日記』という本を読んで、もしやあのベルツ水はこの日記の著者が考えだし、置きみやげのように残していったものではないかしらと思ったのだが…。

ベルツと日本の出会いは１８７５年、ライプチヒ大学病院に入院した日本人留学生を、生来の親切心と東洋への強い関心から、献身的に世話したことに始まった。この患者の兄相良知安が文部省医務局長だったことから、翌76年東京医学校にベルツをお雇い教師として迎え入れた。同校は翌年開成学校と合併して、東京大学医学部となり、ベルツは東大医学部で生理学と内科学を担当することになる。１８８１年彼が初めて送りだした卒業生は俊秀ぞろいで、19歳の森林太郎（後の鷗外）もその一人だった。

最初2年契約で来日したベルツが26年間教壇に立ちつづけ、全国に数千の教え子を送り出し、東大病院を見守る場所に像が建とうなど、当初想像した人はいなかったであろう。

伊藤博文、井上馨のほか、皇太子、岩倉、板垣、大隈といった人たちが患者として登場する『ベルツの日記』は明治史の一級資料だ。

（２０１１年2月17日）

気忙しいきさらぎ

2月は1月や3月より3日も少ないため、あっというまに過ぎてしまうような気がする。今年の正月、東京は毎日が晴天で寒明けを待ちきれぬように庭の梅が一輪開いたというのに、2月に入ると寒が戻ったように寒かったり、冷たい雨が降ったりなどしたあとに4センチほどの雪が積もって四分咲きの梅をちぢみあがらせてしまった。

年の暮れ、近所からいただいた水仙の球根と百合根とを、家人は一坪たらずの花壇に密植し、たっぷり芽出し肥をまいた。晴天つづきの正月、バケツにたまった米のとぎ汁を毎日かけてやったのがよかったのか、2月初め一斉に発芽し、寒のもどりにも屈する気配はなかった。

わずか4センチながら、今年初めて積もった道の雪を端に掻《か》きよせたあと、庭の花壇に廻《まわ》ってみておどろいた。割箸《わりばし》ほどに伸びた一本一本の水仙の根の持つ熱で雪が解けたのであろうか、根元の土がくろい輪っ子になってのぞいているのだ。水仙は木ではないが、「木の根明く」という季語を、東京にいながらのわたしに思い起こさせた。

きさらぎとは2月の雅語で衣更着という文字があてられている。大陸から押しだしてくる高気圧と低気圧が交互に日本列島を覆う2月。三寒四温に即応して身につける衣服を更《か》えねばならないのも、2月のどことない気忙《ぜわ》しさなのであろう。厚いセーターと薄いセーター、冬のチョッキと春のチョッキ、靴下の上に毛糸のソックス。そのソックスを忘れたまま夜更《よふ》かしをした2月末、わたしの足はしもやけにやられた。

毎年2月わが家の庭にやってきて餌箱に群がり、気忙しげにヒマワリの種などを啄《ついば》んでいく冬の小鳥たちが、ついに姿を現すことなしに今年の2月が終わってしまったのが、わたしの気にかかっている。

（2011年3月3日）

彫刻家の日記の中の詩

生涯学習センターのFさんらと、芭蕉の『奥の細道』に始まり、5人の日本人の旅の記録を読む講座を考えたのは昨秋のこと。2月から3月にかけて週1回、2百人をこえる方々が集まってくれたことに元気をもらって、4回までは順調に進んだ。

最終回にとりあげたのは、戦前15年間〝南洋〟の島々を巡って島民と親しみ、島々の民俗を調べ、詩のような日記を書き、土俗の匂《にお》いのする彫刻を残して日本のゴーギャンなどといわれた彫刻家土方久功《ひじかたひさかつ》。配するに持病の喘息《ぜんそく》を癒そうとパラオに転職した『光と風と海』の著者中島敦《あつし》との1年足らずの、しかし濃密な交わり。旅の記録を読むという試みをしめくくるため、いつもより力が入って、ようやく講義のメモが書き上がった日曜の夜、講座主任のY氏から入った突然の電話。

「今日緊急の会議で、福島原発の事故にともなう計画停電で、明日わたしどもの地域が指定になるとわかりました。今回の講座は延期とするよりも中止として受講者に緊急連絡することになりました」

残念ながら最も電力を使うのは東京である以上、計画停電に異を唱えるわけにはいかない。せめて日記の中から見つけた土方久功の詩の一節を、そう、「今日の視角」にお届けしよう。166行に及ぶ「黒い海」は土方の自叙伝にもたとうべき長編詩、そのほんの一節。

あのばかばかしい戦争のおかげで
私は再び東京に帰り住んで4年

文明は相変らずとんでもない方向
に辿《たど》っている　物質　物質そして
闘争　殺戮《さつりく》　征服　原子爆弾…
（ああ　それにもう一つ貨幣とい
うばけものがあったのだが）…
原子学が　人間が発見した第二の
火であるならば　それを正しく生
かす為にもう一つの言葉を発明し
なければいけない時が来ている

（２０１１年３月17日）

海の壁改め三陸海岸大津波

吉村昭という作家は１９６６年に『戦艦武蔵』を書きあげたあたりから、歴史的な事実や事件を外科医のごとき冷徹な目で記録文学に仕上げていく手法を身に付け、数多くの力作を残していった。

三陸沿岸を襲った三つの津波を扱った作品の原題は『海の壁』だったが、「津波を接近してくる壁になぞらえたのは少し気取りすぎていると反省し」、文庫本にするにあたって、『三陸海岸大津波』と改めたところに、作者の記録文学へのこころ意気のようなものが伝わってくる。

この作品には、明治29年の津波、昭和8年の津波、チリ地震津波の三つの津波がとりあげられている。明治29年と昭和8年の二つは三陸沖の地震によるものだが、三つめはチリ沖からはるばる太平洋を横断してきた津波で、気象庁はチリ地震を観測しながら、津波警報を発令しなかった。この怠慢が記録作家のこころを刺戟《しげき》したのに違いない。三陸海岸へ吉村昭が足繁《しげ》く通うことになる。

今は宮古市に合併となっている田老が村だった明治29年の大津波の爪跡は50メートルの高さに達していることを吉村昭はつきとめている。彼はまた昭和8年大津波当時の田老小学校生徒の秀逸な文集を掘り起こしている。尋常6年の女生徒牧野アイは家族全員を失って孤児となった日のことをリアルに書き残している。牧野アイは同じ日同じ運命をたどった荒谷功二という青年教師とのちに結ばれ、田老町第一小学校長夫人として、吉村昭の前に姿を現わす。

『海の壁』が書かれたのは、東電福島第1原発がスタートした頃と重なる。明治29年三陸大津波が50メートルの爪跡を刻んだのは、福島第1原発設計に顧みられた形跡はない。文庫本のタイトルを『三陸海岸大津波』と改題したのは一人でも多くの人に読んでほしいと願ったからであろう。


（２０１１年５月19日）

アジサイの花

紫陽花と書いてアジサイと読ませるのには抵抗がある。

もの本によれば、唐の詩人白楽天が都から長江の中流江州に左遷され、招賢寺の庭に咲く香ばしい匂いの紫の花の名を寺僧に問われて「紫陽花」と名づけた。それをアジサイと誤訳したのは平安の文章博士で『倭名類聚鈔《わみょうるいじゅうしょう》』を編んだ源順《したごう》だとある。彼はアジサイが日本固有の花と気づかなかったものか。

万葉の歌人たちは安治佐為《あじさい》と万葉仮名で伝えているが、梅や桜などのように親しまれてはおらず、『源氏物語』や『枕草子』など平安の文学からは無視され、江戸の生け花からも遠ざけられたという。

万葉に歌われたのはヤマアジサイで、今も蓼科高原などに日陰を好んで自生しているが、現在公園や住宅地の庭で見かける大輪のアジサイは、房総や伊豆の沿岸などに生えるガクアジサイを母品として改良されたもので、鎌倉時代から庭木として栽培化されたもののようだ。

咲き始めは緑色でしだいに白色に変わり、盛りには青紫色になるのが一般だが、深紅色のものなどもある。長崎出島のシーボルトがこの花の学名にOtaksaと、お滝さんの名を入れ、オランダにこの花木を持ち帰ったのは有名だ。

嘉永7年の梅雨どき佐久間象山は弟子松陰の密航の件に連座し、伝馬町の獄で116首の短歌を詠んでいるが、その中から3首ばかり。

獄中子規《ほととぎす》を聞く

遠近《あちこち》に鳴く子規　人ならば

母のみことに言伝《ことづて》ましを

三宅島流謫《るたく》の人へ

海《わた》の原漕ぎ行く舟の舵《かじ》よりも
　心の舵に心せよ、君

無題歌
昨日今日明日《きのうけふあす》と移ろう世の人の
　心に似たるあじさいの花

象山は心の移ろいを戒めている。

（2011年6月9日）

「知事抹殺」を読んで

今から23年前の秋、福島県の知事選で建設省の高官だったH候補を大差で破って佐藤栄佐久という新人が当選したことが記憶に残っている。新人といっても、参院議員を1期つとめ雪深い会津の山村までくまなく歩いていたことが勝因でもあった。

当時わたしは福島県二本松出身の歴史家朝河貫一のことを調べており、朝河博士に関心を持つ人たちの集まりで佐藤知事に会ったこともあった。きけば朝河の出身校郡山の安積《あさか》中学の同窓会のような集まりで、明治の中頃イェール大学に学んで日本の封建制を米、仏などに紹介した朝河を誇りにすること、佐藤知事も人後におちない人と見受けられた。

ある時ふと手にした業界雑誌の中で、佐藤知事が原発の危うさについて批判しているその率直さに気づいて、わたしは驚いた。知事に初当選した1988年、福島県の浜通りには既に原発はほぼ並び終わっていた。国策を推し進める政府や官庁の顔は見えず、直接向かいあう東電とのやりとりだけが際立った。

プルサーマルの危うさに異を立ててつぶした、というよりもその危うさで自壊した。検査記録の改ざんが明るみに出て、東電のトップ5人の辞表が出た時「住民の気持ちを考えると当然でしょう」と彼は答えた。知事という職責による発言だった。佐藤氏の近著「知事抹殺」には、そのような緊張関係が最後の知事選で氏の足をすくうさまが記述されており、読むものの背が寒々となる。

常識的に知事5選は理不尽だが、原発を抱えた知事が5期を期した気持ちは分かる。選挙運動は厳しく、令弟が資金を工面するべく、駐車場を売った。その売り値に（知事の）天の声がからんだと検察が動く背景は、推理小説よりもスリリングだ。

今また国策は息吹き返し、知事たちの苦難が始まっている。

佐久の先人（上）　市川五郎兵衛

（２０１１年７月７日）

「佐久の先人」検討委員会が佐久市教委文化振興課に設けられたのは昨年夏のこと。わたしも外野から参加させていただき、あらためて先人たちに思いを寄せる機会となった。川中島への武田軍の通路にあたり戦乱に喘《あえ》いでいた佐久に平和が蘇《よみがえ》るのは16世紀末の兵農分離の波が寄せてきてからのことだろう。

上州南牧《なんもく》村で砥石《といし》を掘って一族を養っていた武田の遺臣市川五郎兵衛に徳川への仕官を勧める書状がきたのは１５９３（文禄２）年。家康の前で五郎兵衛は「志すでに武に非《あら》ず、殖産興業にあり」と答えて土地開拓の朱印状を与えられた。66年前の夏の敗戦体験を重ねると、五郎兵衛の気持ちがわたしにも分かる。

勝手知った佐久に下った五郎兵衛は、千曲川の断崖の西に広がる矢島原の開拓に後半生をかけることになる。蓼科山の奥に発見した湧水五斗水《ごとみず》を細小路川に落として湯沢川の合流点から矢島原に引こう。小諸藩からついたクレームに対して、家康の朱印状は威力となった。

合流点から鹿曲川《かくま》に沿って山の斜面の岩を削って堰《せぎ》を掘り進め、327メートルの隧道《トンネル》を完成させたその遺跡をわたしは20年ほど前にたどって感嘆したことがある。水路の水もれを防ぐため真綿をちぎって穴をうめたのは妻きよの機転だったと伝えられている。途中で工費が尽きかけると、千両箱に砥石をつめて馬に運ばせてみたりした。

4年をかけて1627(寛永4)年に完成した矢島原の新田は、のちに870石のおいしい米どころとして知られるようになる。

70歳をこえた五郎兵衛は南牧に帰って砥石山を売り、工事費を完済したあと平安な余生を送り、94歳で没した。遺言により遺体は矢島原に葬られ、村民は村を五郎兵衛新田村と名づけ、後世に伝えた。

(2011年7月14日)

佐久の先人(中) 臼田丹右衛門

徳川幕藩体制下、現佐久市には岩村田藩、田野口藩の二つの小藩のほか天領、旗本領が斑模様《まだら》に点在していて、松代十万石や松本城下町のような人材育成の投資があったわけではなく、佐久の先人には桜井の臼田丹右衛門《たんにもん》（1776〜1857）のような自助努力の人がいる。

和歌の勉強に京に上った彼は都人の着る呉服に魅せられ、それを佐久に担いできて商った。しばしば上方に足を運んで、淀川の鯉《こい》の味を知りこれも郷里で食べさせたいと数尾の親鯉を桶《おけ》に入れて中山道を越えた。

岩村田に池田源助という篤農の士がいて、梅花藻を魚巣として鯉の卵を産ませ、堆肥から湧き出るミジンコを与えて稚魚が育った。桜井の浅沼太十郎家の溜池《ためいけ》で育った稚魚が水田に逃げ出し、秋まるまると成長していたのが発見されて、佐久の水田養鯉は広がっていった。折しも勃興した養蚕からうまれる蛹《さなぎ》が鯉の絶好の飼料となっていく。

わたしがもの心ついたころ、海から最も遠いといわれる佐久盆地で水田養鯉がピークを迎えていた光景が記憶の中に残っている。

6月中旬、田植えの終わった水田に、メダカほどに育った鯉の稚魚が反当たり500〜1500尾放たれる。水温の上がった田にはミジンコが湧いて稚魚は育ち、稲の株間を泳ぎ空気を送って分蘖《ぶんけつ》を助け、旺盛な食欲で害虫や水草を食べていく。

春蚕《はるご》の蛹を田にまくと、小鮒《こぶな》ほどに育った当歳鯉が一斉に集まってくる。9月、稲が実って水を落とす日、佐久の盆地にはちょっとした大漁風景が現出する。

背開きになった当歳鯉は古唐傘の骨に串ざしになって囲炉裏《いろり》で焼かれる。海から最も遠い佐久の長い冬の貴重な蛋白《たんぱく》源なのであった。臼田丹右衛門翁に始まる佐久鯉の歴史にはエコロジーの匂いが漂う。


（2011年7月21日）

佐久の先人（下）　落葉松林を生んだ人達

明治維新後、養蚕農家の2階増築のラッシュが続き、信州の山は皆禿《は》げてしまったと知事を嘆かせた。

火薬行商を生業《なりわい》としていた協和村（現佐久市）の松本谷吉、清水清吉が7年ぶりに蓼科の天然唐松の実が大豊作と気づいたのは明治7年夏のこと。翌8年春2人は粟《あわ》畑に天唐《てんから》の実を播《ま》いたが育ちが悪く、翌9年田と畑に分けて播き、赤松の枝で日除《ひよ》けした畑だけで成功し、翌明治10年から種苗商に転じた。

明治11年の部分林仕立方条例は佐久に自由の風を呼びこんだものか、各町村に貸し下げられた官有地に人は争って落葉松《からまつ》苗を植え始めたから松本・清水種苗商は順風満帆の船出だった。火薬行商で山村を熟知していた2人は、蓼科より信濃川上、浅間、諏訪泉野の天唐の実が上等で、苗畑には松本方面がよいと、商売を広げていったが、松方蔵相の金融引き締めが、彼らを破産に追いやった。

しかし、協和村には2人の後継者が育っていた。松本師範を出て協和小に赴任してきた井出喜重は、松本、清水先輩から自分の郷里川上村の天唐が最も良質と教えられ、人の子を育てるのに代えて、天唐の苗を育てるべく郷里に戻って本格的な落葉松育苗にとりくむことになる。一方、協和村には上野喜之助なる後輩が育っており、明治19年60万本の苗が落葉松のない東北遠野盆地に売り出され、明治28年には北海道、樺太へ、さらには朝鮮、満州へと輸出されていることを郷土史家大井隆男氏は上野家帳簿から割り出している。

明治30年代小諸にいた藤村の『千曲川のスケッチ』に落葉松の苗畑を見に行った話はあるが、落葉松林の美しさは描かれてはいない。北原白秋が初めて碓氷峠をこえて星野温泉に泊まったのは大正10年夏のこと。早朝散歩に出た白秋の眼前には、美しい「からまつ」の林が続いていた。

「トランクの中の日本」展

（2011年7月28）

高校卒業後、新聞社の暗室係となっていた19歳のジョー・オダネルは真珠湾を奇襲した日本に敵愾心《てきがいしん》を燃やし、海兵隊を志願した。だがその前歴を買われた彼は、銃に代えてカメラを持たされ、従軍カメラマンとしての徹底した訓練をうけた。

彼は占領軍のカメラマンとして広島・長崎その他、空爆による日本の都市の被災状況を記録する任務を与えられ、終戦直後の日本に上陸。

その後7カ月間、焦土と化した各都市を撮影の後、帰国。除隊に際し軍用記録の持ち出しは厳禁されたが、私用カメラで撮影したフィルムは密《ひそ》かに持ち帰れた。トランクに鍵をかけ、屋根裏に納めたネガは43年間あけられることはなかった。

除隊後のオダネルは合衆国情報局に籍をおくカメラマンとして、トルーマンからニクソンまで5代の大統領に仕え、数々の歴史的瞬間をとらえたが、１９６８年体調を崩して退職。入退院をくり返す中で、かつてカメラ片手に広島・長崎で浴びた放射能が病の原因と診断された。

89年のある日、反核を訴えて作られた「炎に焼かれるキリスト像」に心うたれ、屋根裏からおろしたトランクを43年ぶりにあけ、多数のネガの中から広島・長崎の焼野っ原にまじって、息絶えた幼子を背負って焼き場の前に直立不動で順番を待つ1人の少年の姿が浮かんできた。

90年8月テネシー州ナッシュビルで開かれたオダネルの「原爆写真展」には賛否両論がまき起こって、米国における原爆問題が新たな局面に到達したことを予感させた。

ジョー・オダネルはそのナッシュビルでくしくも2007年8月9日85歳の生涯を閉じた。

それから4年後の今年8月10日から1カ月間、「トランクの中の日本」展が上田市の信濃デッサン館の別館「槐多《かいた》庵」で開かれている。

（2011年8月11日）

鬼哭の島々

4年に進級する時、小学校が国民学校という名に変わった。ドイツのまねだよと誰かが口走ったのが、なぜか頭にこびりついている。

その年の12月に「日支事変」が「大東亜戦争」へと拡大した。国民学校になって地理の授業が始まったわけではなく、アジア・太平洋へと戦線が拡大する中、軍歌とともに耳学問で太平洋の小さな島々の名をおぼえたという不幸な時代。

ガダルカナルの皇軍転進、山本五十六司令長官ソロモン群島上空で戦死、山崎連隊長以下アッツ島守備隊玉砕。国民学校6年生にとって、転進が退却を、玉砕が全滅を意味することがおぼろげにわかった。

中学に上がると地理付図があり、マキン・タラワが赤道直下のギルバート諸島にあり、クエゼリン・ルオットがマーシャル諸島の遥《はる》か南方に広がる環礁であり、1944年夏マリアナ群島のサイパン・グアム・テニアン三島の名を知ったのも、すべて米軍の圧倒的な物量作戦の前に、次つぎに日本軍守備隊が玉砕していったからだった。

今夏、旧知の写真家江成常夫さんから『鬼哭の島』と題する浩瀚《こうかん》な写真集をいただいた。江成さんには『花嫁のアメリカ』(木村伊兵衛賞)『シャオハイの満州』(土門拳賞)『ヒロシマ万象』などの力作があり、難病をはさんで、「戦争の昭和」にカメラを向けること15年の営みがこの一冊に凝縮した。

鬼哭《きこく》とは唐の文人李華が戦場で逝った兵士らを弔う文に用いた語で「死者の魂が泣く」と辞書にある。

3年8カ月にわたる太平洋戦争の戦没日本人将兵約240万人。玉砕という美名のもと太平洋の島々に今なお放置された将兵は100万柱を超えると見られている。江成さんが老軀《ろうく》に笞《むち》うち巡った16の島々は、わたしの古い記憶と重なってくる。

(2011年8月18日)

雑草たちと向き合って

よんどころない事情で隣のHさんの畠《はたけ》が休耕となった。8月に入ると急に雑草が繁茂し始めてきたのを見かねて、数日間陽《ひ》が西に傾く頃出かけていって、しぶとい雑草たちと向き合いながら、彼らの一つ一つに名があることに気がついた。

最もわがもの顔に繁茂していたのは、子供の頃ゴンベイと呼んでいた草で、暗紅色の茎は地を這《は》い、楕円《だえん》形の葉は多肉で対生していると書けばたいていの人はああれかと思いあたるにちがいないが、野草図鑑にはスベリヒユとあり、滑莧《すべりひゆ》という立派な漢名まで持っているのを知ってわたしは感動した。

畠の草には地下茎《けい》型、蔓《つる》・匍匐《ほふく》型、自立型と3種あって、滑莧は典型的な蔓・匍匐型で、耕運機で中耕すると滑莧は畠全体にばらまかれて繁茂することになるそうだ。

滑莧についで繁茂していたのが図鑑にてらせばコニシキソウで、小錦関とはまるで異なり、ひっそり地を這うようにして繁殖していたが、蔓・匍匐型の雑草諸君はわりと簡単に抜くことができた。

それにひきかえ、自立型のアカザ、西洋タンポポ、エノコログサ、イヌタデなどはすっかり大地に根をはっており、根気、根本、根源などの語を頭に浮かべながら汗を流した。

同じ自立型のカヤツリグサは子供の頃にその名をおぼえたが、ネコジャラシとしか呼ばなかったエノコログサの名を知ったのはずいぶんたってからのこと。雑草中の雑草がメヒシバでこれも女日芝という漢名を持っていることを、Hさんの休耕畠の草取りで初めて知った。
野草図鑑をめくりながら、子供の頃からゴンベエと侮蔑的に呼んできた滑莧の項に、「茎、葉は食用、また利尿・解毒剤にも用いる」とあるのを見て、わたしは粛然とした気分にひたってしまったのである。

（2011年8月25日）

天災の陰に

相模湾北西部を震源とするマグニチュード7・9の関東大震災をわたしは体験してはいないが、死者9万9千余、負傷者10万3千余、行方不明者4万3千余と記録されているのを知っている。

「天災は忘れられたる頃に来る」という有名な箴言《しんげん》が生まれ、9月1日がめぐってくるごとに災害を思い起こす日となって90年近く続いてきた希有《けう》な記念の日となっている。

M7・9のわりに人的被害が大きかったのは、午前11時58分という昼餉《ひるげ》の準備どきで、とくに東京の下町には七輪に火がついていた時間帯、押しつぶされた木造家屋にはたちまち火が移った。

同時多発的に起こった火災は人びとをパニックにおとし、「朝鮮人が火を放ち、井戸に毒を投げた」などの流言が疾風《はやて》のように京浜地帯をかけめぐると同時に、町々に自警団が組織され、「君が代を歌え」と呼びかけて少しでも発音が悪いものは朝鮮人・中国人と疑われて、闇に葬られた。その数6千に及んだという。

9月2日東京、神奈川に戒厳令が布《し》かれるや、流言は「社会主義者、無政府主義者の暴動」とまで広がっていき、甘粕憲兵大尉らによる大杉栄・伊藤野枝夫妻らの扼殺《やくさつ》、救援活動に従事していた平沢計七ら活動家の官憲による虐殺事件などが、関東大震災の闇の中で行われた。

「不逞《ふてい》鮮人暴動」の流言蜚語《ひご》にもとづく大量虐殺と、一連の無政府主義者、労働者の殺害という二つの悲劇が関東大震災の中でなぜ起こったのか。考えてみると、前者の背景には朝鮮併合という明治末の政治的負の遺産が、そして後者の背景には朝鮮併合と同時並行的に行われた大逆事件というもう一つの政治的負の遺産が導火線の働きをしていたように思えてならない。やがてそれは昭和初年の暗部につながっていく。

（2011年9月1日）

ＴＰＰ交渉の怪

２００６年、ハノイで開かれたＡＰＥＣ（アジア太平洋経済協力会議）で隣り合わせに座った金融のシンガポールと農産物のニュージーランドが意気投合し、鉱物資源のチリと天然ガスのブルネイを誘って、お互い障壁のない自由貿易をやろうやということになった。アジアから白い目で見られがちなブッシュのアメリカが機をうかがっていたかも。

それから4年後、オバマのアメリカがオーストラリア、ペルー、マレーシア、ベトナムを引っ張りこんで生まれたのが、化け物のように広域的なＴＰＰ（環太平洋連携協定）だ。カナダも入りたいのに、砂糖関税のこじれで虚仮《こけ》にされたのに対し、日本にはぜひ入れと、しつこく迫られているのはなぜか。

世界に冠たる農のアメリカ、オーストラリア、ニュージーランドの前に出て、関税障壁をはずされたら、日本の農業がひとたまりもなく圧し潰《つぶ》されてしまうのは、火を見るよりも明らかだろう。あの懐かしの〝昭和30年代〟、木材を自由化した途端に東南アジアの安いラワンやシベリアの木材に国産材は圧倒され、ために日本の山林が荒廃の一途をたどったことをわたしたちは知っている。

近年の風水害の激しさは山林の衰弱と無関係ではないし、タイの大洪水も安価ゆえの木材の乱伐と乱開発があったとすれば、自然を守るための関税障壁は人類平安のために必要なのではあるまいか。

ＴＰＰに秘められた日本農業抹殺の毒薬についてはなお回を新たにして考えたいが、ＴＰＰの中にセットされている幾つかの毒薬にもふれておきたい。人の移動として看護師、介護福祉士の生活への直撃、規制制度改革の名のもと混合診療の全面解禁、日本の誇る医療保険の縮小、株主資本主義の名による企業の変質、従業員の賃金カット等限りない。

（２０１１年10月27日）

３人の原田島村さん

日曜の信濃毎日新聞書評欄でいつも目を誘われるのは、県内で出ている雑誌の紹介欄。なかでも信州各地で出ている郷土史誌はユニークだ。

飯田で出ている『伊那』は９月で通巻１千号を迎えた。創刊は１９３７年だが、戦時の紙不足、敗戦まもない飯田の大火などで休刊が続いた。郷土史家市村咸人《みなと》氏らの理解と応援で、52年8月、原田島村《とうそん》さんが復刊した『伊那』の発行部数はわずか350部。

10人の子を育てる清貧の中、原田夫妻の献身的な努力で会員は毎月拡大していった。敬愛する高島牧師と師内村鑑三の2人から島と村をもらって島村を筆名とした原田さんの本名は増蔵、敬虔《けいけん》なクリスチャンだった。『伊那』を核に下伊那の町や村には伊那史学会の組織がつくられ、最盛期は部数5千となった。

原田家には男子5人が生まれ三男真《しん》さんは敗戦間際、飯田中学から陸士、海兵双方に合格した秀才で、戦後旧制松本高校から東大に進み、後に高校教師となって、都高教組書記長、委員長として活躍した。

82年8月『伊那』復刊30周年の日、90歳を超えた原田島村さんの健康を心配した『伊那』編集委員らの懇請で、真さんが父の筆名島村を継ぎ、『伊那』の編集を引き受けることを宣言した。

わたしが『伊那』を愛読するようになったのはその前後のこと。中央自動車道の貫通を前に、「峠」「分校」などの特集企画で頁《ページ》を埋めた『伊那』に目を見張ったものだ。

飯田と家族のいる東京を月1度往復していた2代目島村さんが交通事故に遭ったのは92

年。以来19年間闘病生活となった真さんに代わって末弟望《のぞむ》さんが97年、3代目島村を引き継いで、今も『伊那』は健在。今年6月逝去した「2代目島村　原田真」を11月号は追悼特集している。

（2011年11月17日）

桐生悠々没後70年

学生時代の友人K君がパーキンソン病という難病になり、郷里北陸の金石海岸に帰って病いを養っていたが、この春訃報がとどいた。生憎《あいにく》、葬儀にかけつけられなかったわたしは、夏金沢に出かけ、K君の墓に詣でようと考えていたのだが、こんどはわたしが同じ病いにかかったように体の方々が凝り、秋口には入院する羽目になってしまった。

もし夏、金沢に行っていたら、たぶん「徳田秋声と桐生悠々―反骨の人」というポスターが目に入って、徳田秋声記念館に足を向けていたにちがいない。桐生悠々没後70年を記念する企画だった。

わたしが桐生悠々の評伝を思い立ったのは40年も前のことで、金沢に土地勘のないわたしは、地図を開いて金沢の要所要所をK君から教えられた。新潟や富山などと違って、百万石の都市金沢はB29をためらわせたものか大した戦争の傷痕はなく、秋声、悠々の青春期を現地にたどることはかなりできた。秋声も悠々も四高時代の想《おも》い出を、詳しく書き残してくれていることも幸いした。

―桐生の家は本願寺前にある間口の広い紙屋だったが、帳場に坐《すわ》ってゐる、桐生が老人になったら、あゝもあらうかと思はれる父親が坐ってゐた。―

という秋声の描写は、本願寺わき横安江町にそのまま残っているようだった。桐生紙店は維新後の武家の商法で始まり、明治10年代の経済恐慌であえなく消えていったのだが。

悠々没後70年展は4カ月に及んだが、終幕に近く熱心な学芸員氏から電話が入り、悠々の誕生の地は金沢市高岡町とあるが、番地がわからないでしょうかとの問い合わせだった。ナビゲーターのK君は今やなく、冬が明けたら金沢に行きたいので、ぜひ一緒に番地を特定したいものだと答えるしかなかったのだった。

（2011年11月24日）

焼き棄てない、塗り潰さない

太平洋戦争勃発《ぼっぱつ》70年を前に、ドキュメンタリー映画『大本営最後の指令』（製作・吉丸昌昭、監督・長尾栄治）を見せてもらった。

1945年8月15日から数日、大本営の指令で全国1万余の市町村役場で戦時機密資料が一斉に焼却処分された中、旧北安曇郡社村《やしろ》（現大町市）の兵事係、大日向正門《まさと》さん（2006年、91歳で死去）は明治16年以来の全資料段ボール20～30個分を知られることなく自宅の土蔵に運んで、数棹《さお》の桐箪笥《きりだんす》に収め、ことば少ななまま世を去った。

この映画は、土蔵から出てきた、全国にも稀《まれ》な徴兵関係文書の全貌を映すとともに、深夜赤紙を届ける兵事係の知られざる業務の実態を追い、赤紙によって中国、旧満州、沖縄、ニューギニア、マリアナ諸島など、兵士たちの行く先と、その安否を追跡していく。

徴兵年令は20歳、真珠湾から70年たった今、運よく生きて帰った方々は90歳をこえている。インタビューは時間との競走で、画面に登場しながら完成を待たず鬼籍に入った方もいる。

１９３８年旧制大町中学卒業の関三郎さんは千葉の高射砲隊に入隊。45年春、関さんが姉を突然訪ねてきた時、姉は不在で、関さんと、家にいた姪《めい》の並んだ写真が残されたという。それから間もなく、関三郎軍曹は義烈空挺《くうてい》隊員として沖縄に出撃して散った。白面の軍曹は坂東玉三郎氏に似ていた。

わたしは映画を見ながら、村の兵事係が膨大な機密資料を軍の命令に抗《あらが》い、数棹の簞笥に丁重に収め土蔵に保存した意味を考え続けた。彼が歴史の証文を焼き棄《す》てることから懸命に護《まも》ろうとしたその１カ月後、文部次官通達に抗う術《すべ》もなく国史教科書を墨で塗り潰《つぶ》していたわたしに情けないぞと鞭《むち》うった。

（２０１１年12月08日）

原発事故と収束と

フィンランドの首府ヘルシンキの北西２５０キロ、バルト海のオルキルオト島で７年前から地下５２０メートルに至る洞窟のような構築物の建設が始められ、今年４月現在４４０メートルの地点まで掘り進められているという。

「オンカロ（隠された場所）」と呼ばれるこの地下構築物は放射性廃棄物の処分場として2020年に開業し、100年後に固く封鎖され、放射能の影響の無くなる10万年後までオンカロの扉は開かない。

マイケル・マドセン監督のドキュメンタリー映画「100、000年後の安全」は、雪の降り積もる森林の中を歩むヘラジカの足の下に掘り進められる地下構築物オンカロの現場を追いながら、最後に「未来のみなさんへ」という監督のメッセージが流れる。

ここは21世紀に処分された放射性廃棄物の埋蔵場所です。

決して入らないでください。

あなたを守るため、地中奥深くに埋めました。

放射性物質は大変危険です。透明で、においもありません。

絶対に触れないでください。

地上に戻って、我々より良い世界を作ってください。

幸運を。

この映画を観《み》てきたという友人がプログラムを置いていった夕刻、野田首相が記者会見で、東京電力福島第1原発事故に関し、「原子炉は冷温停止状態に達し、事故そのものが収束に至ったと確認された」と述べたと放送で知った。

「収束」ということばは本来数学用語で、東電の工程表で使われていたような気がするが、広辞苑には、「おさまりをつけること。おさまりがつくこと」とも記されている。翌日の新聞には、佐藤雄平知事をはじめ福島県民の怒りの声が噴出していることに、さもあらんと思った。

（２０１１年12月22日）

第四章

怒りを忘れてはいまいか

〈2012年〉

二つの贈り物

わたしが月1のペースで都心の病院に通うと聞いて、教え子のS君が定年で閑《ひま》ですからといい、車で送迎してくれることになった日、磨きぬかれて焦げ茶色になった鬼胡桃《おにぐるみ》6個の入った袋を持ってきてくれた。

安曇野の林で拾ったのを一晩水に漬けて汚れを落したあと、鑢《やすり》で突起を丹念に削るほどに内側の脂がにじみだすのを掌《てのひら》でこすっていると、徐々に焦げ茶色のつやが出て、こんな色になったのですという。

鶉《うずら》の卵ほどの大きさだが、三つはやや小さく、他の三つはやや大きいのを、左右のポケットに分け、最初は右手に小さい三つ、左手に大きい三つを掌の中でころがしてごらんなさい、と言われるまま、10分ごとに右左に入れかえて、病院までの1時間、S君流のリハビリをつづけたのであった。自動車に乗せられている時よし、テレビの前で大相撲やサッカーを観戦している時よしですから続けてくださると元気になりますと、S君は言った。

師走から東京の気温は急に下がって足指が霜焼けで赤くなった。年賀状を纏《まと》め買いすると、局員氏がタオルや貯金箱などの小物を置いていってくれた中に、ポケットノートほどの小箱があって、中からスポンジを二つつなぎ合わせると足形になる異《い》なものが出てきた。中国製健康足指（ヘルシー・トウ）とあり、〈足の指をひろげ、小指の側からしっかりはめこんでください。お風呂上がりには特に効果的です〉とある効能書きに従って、風呂上がりにヘルシー・トウをわたしは霜焼けではれ上がったわが足指の間にはめこんでいくと、最初痛みにたえかねるほどだったが、馴《な》れるにつれて、指先の毛細管に血がゆっくりと回っていく快さがあった。

年が明けて東京の気温は更に下がったが、二つの贈り物で、手足の指が皹《あかぎれ》・霜焼けから護《まも》られている。

（2012年1月12日）

大逆事件は今もなお

数年前の1月最終土曜日、熊野の奥から上京してきた知人に連れられて新宿高層ビルの谷間にある正春寺に出かけた。大逆事件の被告として処刑された管野須賀子の墓碑があることから、犠牲者たちの慰霊を兼ねた集会が毎年開かれていると知って処刑101年の今年も、高知から上京してきた友人と連れ立って出席した。寺院の講堂は100人で満席、立ち見が出るほど盛況だった。

「大逆事件の真実をあきらかにする会」と名づけられたこの会は、大逆事件から50年の1960年に発足し、死罪を宣告されながら生き延びた唯一の証人、坂本清馬老人の再審請求は最高裁で棄却されたものの、分厚い『大逆事件ニュース』は50年余生き延び、この日の集まりに向けて出し続けられ、1千ページをこえる合本となった。

もろさわようこ氏が『信濃のおんな』取材を機に屋代町に「新村善兵衛・忠雄兄弟の生家をたずねて」を寄稿したのは第18号（1970年）に載った作品。母堂も姉妹も世を去っていたものの新村兄弟の育った豪農のたたずまいを残す生家の様子がこと細かに描写され、甥《おい》の提供になる善兵衛・忠雄の獄中書簡数通がニュース18号を飾り、新村兄弟の清々《すがすが》しい心情が伝わってくる。

ニュース巻末には、その年度の文献目録が収められていて重宝だ。事件の核心にいて死罪となった新村忠雄の評伝が出てこないのは、24歳という若さ故か。だが、今年第51号の文献目録には崎村裕『百年後の友へ…大逆事件の新村忠雄』、石山幸弘『櫛《くし》の十字架…新村忠雄と阿部米太郎』の2冊が並んで目立つ。

崎村氏は更級郡の出身で、異色の弁護士平出修の弁論を手掛かりに忠雄の精神をみごとにとらえた。米太郎を合わせ鏡として描出される忠雄の内面もぜひ読みたい。


（2012年2月9日）

厳寒の新聞訃報欄より

テレビのベテラン制作者がある時「新聞にかなわぬものが一つだけあるんです」と残念そうに言った。何かと尋ねると「訃報欄です。社会面の片隅に数行でまとめられるあの欄が社説などよりはるかに読まれるそうです」と、彼はつぶやいた。

暮れから正月、そして寒波の居座ったような寒中にかけて、わたしは存じあげている何人かの知人の不幸を新聞の訃報欄で知った。気がつけばわたしも、新聞のその欄の熱心な読者の一人だったのである。

1月5日、94歳で亡くなった庵谷磐《いおりやいわお》さんは広く世間に知られた知名の士というわけではない。中国残留孤児の身元調査の場に行くとそこに庵谷さんの姿があって、分からぬことは何でも教えてくれた。旧満州の瀋陽で生まれ育ち、東京帝大を出たあと満鉄に入社、撫順炭鉱で敗戦を迎えた。その経歴から、残留孤児、残留婦人らの帰国を座視できず、90歳を超えるまで地味なボランティアに徹した温厚な紳士だった。

昨年12月28日亡くなった桜井哲夫（本名・長峰利造）さんは13歳でハンセン病を発症し、太平洋戦争の起こる直前、津軽をあとにし、単身軽井沢駅に降り、草軽電鉄に沿って歩き草津の栗生楽泉園《くりゅうらくせんえん》に隔離収容された。園内で結婚、妻は子を産むことを許されずに亡くなり、自らも視力を失い何度も死を図った。

60歳で詩を作り、ペンが握れぬまま代筆で詩集ができた。ボランティアの在日2世の少女に手を引かれ、60年ぶりに生まれ故郷に足をむける詩人の半生をテレビ作品とした〝津軽・故郷の光の中へ〟を媒介にしてわたしは桜井哲夫さんを知り、彼を通じて初めてハンセン病の歴史に目を開かれた。葬儀には実家を守る親族の長峰誠さんがかけつけ、遺骨をひきとり、リンゴの花咲く5月、両親が眠る墓に納骨されるそうだ。

（2012年2月23日）

原子力暴走へのブレーキ

飯山市出身の北沢宏一氏を委員長とする福島原発・民間事故調の報告書が発表され、2月28日付本紙は3面にわたって詳しく伝えている。

〈官邸の対応〉〈現地対応〉〈原子力ムラ〉〈核テロと事故対策〉と、大別して4項目に目を通し、昨年3月11日からほぼ3月末まで、テレビの前に釘《くぎ》付けになったわたしは体から血の気が退《ひ》いていくような思いで、福島原発のカタストロフ（破局）を見つめつづけたことを、もう一度思い返していた。

官邸の内側はテレビが最も多く映していたから、その右往左往は概《おおむ》ね推察できた。菅直人首相はヘリで現地に飛ばず、デンと官邸に座って指揮すべきだと思ったが、思うように情報が入らず、予想されて当然な危機への対応策がなかったのは半世紀の自民党政権の責任とさえ言えなくになかった。

災害翌日の記者会見で炉心溶融の可能性に言及した保安院の中村幸一郎審議官の「実質的更迭」に際し、枝野官房長官が「まず官邸に知らせぬとは！」と怒鳴ったというのは、この報告書で初めて知った。３月15日放射性物質の飛散量が劇的に増え、その翌日、文科省がSPEEDIを原子力安全委員会に「一方的に移管」したのは責任回避の組織防衛の兆候だというのも初めて聞く。12日早朝ヘリの中で「水素爆発は起こるか」との菅氏の問いに、安全委の班目《まだらめ》委員長が「起きない」と答えた数時間後に１回目の爆発が起きた。

辞書に文明とは「人間の外的活動による技術的物質的所産」とあり、限りなく増進し、内部に自己抑制の機能がない。一方、文化とは「宗教、道徳、学芸などの精神的所産」とある。科学技術の増進を抑制するのは文化のほかにはない。テレビに映し出された右の報告書は、原子力の暴走を止めるブレーキになるか。

（２０１２年３月１日）

原発どうする！ たまウォーク

わたしの今住んでいる所は、江戸時代まで武蔵の国多摩郡という広大な地域で、明治になって東多摩、西多摩、南多摩、北多摩の４郡に分割された。中央に近い東多摩郡は早くに消え、わたしが東京にきた１９５０年代には北多摩、西多摩、南多摩が三多摩地方と呼ばれるようになっていた。それから2度の市町村合併があって、気がつけば西多摩郡だけが残るばかり。中央紙にはお座なりに〝多摩版〟という頁《ページ》があるけれどわたしは大抵読みとばしてきた。

その多摩版に〝東電離れが加速〟という3段抜きの見出しがあって、多摩地域29の市町村が公共施設で使う電気の購入先を東京電力からPPS（特定規模電気事業者）に切り替えたか、切り替えつつあることを報告しているのに、わたしは驚いた。数日前、東京都副知事が中部電力に伺いをたてて断られたとテレビが伝えていたからだった。

規制緩和で2008年9月、25社のPPSが現れた時点で対応した多摩の小都市に比べて、福島の事故から1年たって腰をあげた東京都はオリンピックに目が眩《くら》んでいたのか。

この調査記事の下の「今度の土、日、原発関連のデモ／多摩各地で」というベタ記事がまたわたしの目を射た。東大和市、小金井市、東村山市、小平市等々で「原発どうする！たまウォーク」という統一テーマによる同時多発的なイベントがあるらしく、わたしはもよりの国立市の一橋大学から駅周辺を回るデモの後、同大学内で開かれる「被災地／避難者とともに生きる」というシンポジウムに出かけることにした。

学生の集いかといえばさにあらず。老若男女、子供まで含めた未《いま》だかつて見たことのない集いの中で、明治の初め、西多摩で「五日市《いつかいち》憲法草案」が作られていたことを思い出していた。

（２０１２年３月22日）

夏時間の再検討を

サマータイムは１９０８年、英国議会で法案化されたが、反対多数で廃案となる。さて第１次世界大戦下、敵国ドイツが経済上の理由で採用するや本元の英国も採用、一気に欧米中東に広まっていったという。

日本では第２次大戦後の48年、石炭事情の悪化と電力不足のため、占領軍の指示で５月１日から夏時間が突然実施。高校生のわたしには新鮮だったが、農村生活にはなじまず、労働過剰になると、まことに評判が悪かった。

51年９月講和条約が結ばれた直後の世論調査で、夏時間は、賛成30％に対して反対53％、わずか４年の短命に終わった。占領政策への腹いせだったような気もする。

環境省の資料によれば、ＯＥＣＤ（経済協力開発機構）加盟30カ国の中で、この制度を導入していない国は、日本、韓国、アイスランドの3カ国だけという。アイスランドは白夜になるため夏時間導入の必要はなし。韓国は日本より西なのに日本と同じ標準時なる故、通年夏時間で働いているとみれば、実質的には日本だけが実施していないこととなる。

昨年4月、夏の電力不足対策で政府は夏時間を検討した結果、「コスト増と混乱懸念」で見送りにしたと発表した。3・11の衝撃直後の判断だったとするならば、今年あらためて夏時間導入の検討をしてみる必要がありはしないか。

64年前、占領軍が一片の指令で夏時間を強行した時とは違うと、政府が力の無さを認めるならば、都道府県という自治体連合のレベルで可能な限り足並みをそろえて、日本列島全体の時間を、5月から9月まで5カ月の間、時計の針を1時間進めてみることは不可能ではないだろう。

大飯原発の再稼働などより、夏時間施行というエネルギー政策の方が緊急かつ有効ではあるまいか。

（2012年4月12日）

段ボールの中に山菜が

わたしの腸には憩室《けいしつ》という小部屋が10ほどもあるらしく、動物蛋白《たんぱく》がそこに滞留して消化不良を起こす。５日ほど缶詰め生活で、ご馳走《ちそう》が多かったせいか重いおなかを抱えて帰宅した日、段ボール箱が宅配されてきた。下伊那の友人Tさんからで、T夫人のお品書きが入っている。

—ようやく筍《たけのこ》が頭を出してくれました。伊那谷もようやく春の到来で少しばかりですが、旬の野菜どうぞお召し上り下さいませ。

筍…筍御飯、煮物、筍寿司《ずし》、元の部分は細切りにしてキンピラに。
野蒜《のびる》…生でおかかと和《あ》えてもよし。酢味噌《みそ》、卵とじにもよし。
五加《うこぎ》…地元ではおこぎともいい、おこぎ御飯、おひたし、卵とじ等。
ジャンボ椎茸《しいたけ》…バター焼、ゆでて大根おろしで。味噌汁、炒め物も。
菜の花…小さな蕾《つぼみ》に黄色い花びらがのぞき、そのままおひたしに。

缶詰め帰りのわたしの腹具合を見通しての調理法とでもいったらよいか。追いかけるようにご主人Tさんから電話で、今年は筍が例年より半月遅れで、それだけにいつもより柔らかく味もよいとの情報が入った。筍は竹の地下茎の節に生ずる芽。芽生えて10日目(旬)までが筍であり、11日目には竹になっているのが、竹林の筍狩りでよく分かる。

筍100グラムのうち水分が92・5グラム、蛋白2・5グラム、糖質2・9グラム、繊維1・2グラムにビタミンC。わたしの腸の憩室に休憩している動物蛋白は筍によって追いだされ、さらに野蒜の酢味噌、五加の卵とじ、ジャンボ椎茸のバター焼き、菜の花のおひたしが次々にわが腸内をハタキ代わり、雑巾代わりとなって掃除してくれた。3日にわたる山菜料理でいつになくわたしの腹具合は爽快になった。ありがたいことだ。

大型連休中、放射能に悩む福島に山菜を送る運動が起こせぬものか。

(2012年4月26日)

出色の憲法記念集会

4月下旬ある研究会で、憲法記念日お誘いのチラシをもらった。よびかけ文を156名のよびかけ人の氏名で囲ったデザインが目をひき、そのうちのほぼ半数が女性名なのも、わたしを驚かした。

チラシに刷りこまれているT市の会場はバスと電車を乗りつげば30分もかからぬので、雨降りの中を出かけた。当日のメーン・スピーカー武藤類子さんについてわたしは何の知識もなかったのだが、受付でもらった資料の彼女の肩書に「ハイロアクション福島40年」とある。カタカナを漢字にすると「廃炉行動40年」となるが、登壇した彼女はレイチェル・カーソンを思い浮かべさせるような知的な女性であり、この日のよびかけ人の半数が女性であることにわたしは納得した。

彼女のハイロアクション40年はつねに非暴力の抵抗運動であり、六ケ所村の核燃料サイクル施設での座り込みにも、柵に色とりどりのリボンを飾ったり、郡山駅前で月1のキャンドルナイトを6年続けたり。

とはいえ、昨年の3・11以来、過酷被災下におかれてきた福島に、いま起こっていることの多くが、日本国憲法の13条「個人の尊重と幸福追求権」、同22条「居住の自由」、同25条「生存権」を大きく侵犯していると言わなければならない。

彼女の2時間近いスピーチに耳を傾けながら、T市における「市民のひろば・憲法の会」がこの日のメーン・スピーカーに武藤類子さんを招いたのは、全国各地で開かれた憲法記念日集会の中の出色な例にあげられると思った。

東京電力放射能汚染事件の責任を追及する福島地検への集団告訴が6月に迫っており、武藤類子さんは告訴団長に推された。最高裁も今年1月裁判官35人の研究会で、福島事故について意見を出し合ったという。


（2012年5月10日）

百歳圏からの便り

旅行や缶詰め稼業などで1週間ほど家を空けると、その間に届いている新聞、雑誌、手紙などがたまっており、それにきちんと目を通すのにうっかりすると次の1週間がつぶれてしまうことが稀《まれ》でない。

4月中、下旬にかけて、そのような日が続いた。八十二文化財団の季刊誌『地域文化』がこの4月100号記念号になるというので、年の初め拙文を書いて送っておいたのが掲載されており、同じ号に小宮山量平さんが8度目の干支《えと》を迎えたとして、「百歳圏からの便り」という、記念号にふさわしいエッセーを寄せておられるのが目につく。

お祝いの手紙を書かねばと思いながら、机上にたまっていた本紙をめくるほどに、4月13日夕刊の社会面に3段ぬきの見出しで「小宮山量平さん死去」という訃報が載っているのにわたしはしばし茫然《ぼうぜん》とした。心落ちつかせるように、あらためて「百歳圏からの便り」を開いた。

8度目の辰《たつ》年を迎えた小宮山さんは数え96歳になった新春を宇宙飛行士になぞらえて百歳圏に入って「私は百歳」と自称する自由を許していただけるだろうとした上で、深夜にメモした17文字を書きつける。

壺《つぼ》ひとつ

ぽとん！と落とす

河川葬《おそうしき》

読んでわたしはどきっとする。小宮山さんの文体は天衣無縫、少しの湿り気もなく、ユーモラスでさえある。子供の手にのるほどの小さな梅干壺が家族分ほどにたまったので、お骨を入れて孫、曽孫《ひ》にも一つずつわが愛する千曲川に流してもらおう、というのである。「百歳圏からの便り」が活字になるのを待ちかねるように量平さんは旅立った。

6年前、いただいた色紙が私の書斎に飾ってある。

—長生きは命の芸術です　卆翁《そつおう》小宮山量平　印

（2012年5月17日）

公刊された『三倉沿革』

晩年柳田國男は『故郷七十年』の中で、高等小学校時代（明治17〜18年）兵庫県北条の町で飢饉《ききん》のため粥《かゆ》の炊き出しが行われ、家でも毎日お粥の生活が続いたことを述べながら、「こうした悲惨事が度々来るのではたまらないと思ったのが、学校を出るまで『三倉』—義倉《ぎそう》、社倉《しゃそう》、常平倉《じょうへいそう》—の研究をやった動機である」と記している。

柳田は1900（明治33）年7月東京帝大法学部を卒業（当時大学は9月入学）、農商務省農政課に初めて採用された法学士の1人となったのは、この年産業組合法が公布され、農学士では扱いきれなかったからだろう。初の〝法学士〟さまはそのまま大学院在籍も認められ、三倉の研究は続いた。

その筆書きの草稿が本人の手で製本され、成城大学に寄贈された柳田蔵書中にあることは、関係者に知られていたが、柳田文庫創設50周年、柳田國男没後50年記念として全文が公刊された。成城大学民俗学研究所からわたしのもとにまで贈られてきて、幻の柳田國男最初期著作『三倉沿革』を著者自らの装幀《そうてい》もそのまま親しく手にすることができた。

三倉とは、柳田によれば遙《はる》か後世にできた名目で、⑴常平倉―周の時代にすでにできており、常平とは貨物（ことに穀物）の市価を年の豊凶にかかわらず、なるべく平均せしむるとの意で、政府の事業。⑵義倉―いわゆる備荒貯蓄《びこうちょちく》法にして、平時、租税の外に、一部の穀物を徴収してこれを貯蔵し、凶年にはこれを開きて窮民に与うるもの。義倉の「義」とは「人の為《ため》にす」の意ならん。⑶社倉とは、共同貯蓄組合なり。物をもってすると、資本をもってするとの区別を除けば、信用組合と同じ。

三倉とは、ＴＰＰやスタンダード＆プアーズとは、まっこうから対立する。野田首相は読むべし。

（２０１２年5月31日）

怒りを忘れてはいまいか

今年の春先になって、大阪方面の夏の電力不足が急にマスメディアの話題となり、福島県と並んで原発銀座の異名のある福井県小浜湾に面した関西電力大飯《おおい》原発3、4号機の再稼働がクローズアップされ始めた。大飯は水上勉さんの生まれ在所であり、臨終の老母を見舞う短編の中に事故を起こしかけた原発をさりげなく描いて効果をあげているのを、この欄で触れたことがある。

彼は同じ福井出身の先輩中野重治を畏敬していた。中野重治没後始まった「研究と講演の会」に水上さんが招かれてどんなことを話したのかは聞きもらしたが、その会報「梨の花」通信60号に中野重治の会の小林広一さんの書いている思い出が興味深いので、一部抄出したい。

――中野と水上さんは福井の同郷で話が合ったことをお話ししていたのですが、いつしか原子力発電所の問題になり「福井県は貧しいので多いです。先週、うちの親戚の者がそのことで刃傷沙汰起こし新聞に載りましたが、どなたかご存知ですか」とここまでは普通にゆっくりお話されていました。ところが、そこで、いきなり、ぷっつんと糸が切れたように、飯田橋の日本講堂の会場いっぱいにとどろく大声で怒り聴衆をにらみつけたのです。「誰だ！　真昼間から教室に電気をつけているのは！　おかしいじゃないか！　あっちの教室も、こっちの教室もついているぞ！　なんで昼間からつけているんだ！　誰がつけたんだ！」。程なくして水上さんは冷静さを取り戻し、講演は無事終了しました。――この突然の怒りに、小林広一さんは作家水上勉の所以《ゆえん》を見るとともに、亡き中野重治が、水上よもっともっと真剣に怒れと促しているのではないかと思ったと記している。

真昼間、誰が電気をつけたんだ！　という怒りを忘れてはいまいか。

（２０１２年６月７日）

原子力の憲法、こっそり変更

１９５５年12月に成立した「原子力基本法」には、科学者の国会ともいわれた日本学術会議の主張した「公開・民主・自主」の３原則が原子力開発の基本方針として盛り込まれた。「原子力船むつ」の放射線漏れ事故によって原子力安全委員会が創設された78年を機に、基本方針に「安全の確保を旨として」の文言が追加された。

首都圏の地域紙として原発問題に力を入れる『東京新聞』は６月21日、「『原子力の憲法』こっそり変更」という記事を１面で報じた。今回、原子力規制委員会設置法が定められるに当たり、付則で、原子力基本法２条基本方針の「安全確保」について、「国民の生命、健康及び財産の保護、環境の保全並びに・我が国の安全保障に資することを目的として…」という1項が追加され、ほとんど議論のないまま6月20日に国会で成立してしまったというのだ。

同紙によれば、傍点部分は閣議決定された政府の法案にはなく、修正協議で自民党が入れるように主張し、民主党が受け入れ、異論はなかったという。提出した側の議員は「核燃料の技術は軍事転用が可能でＩＡＥＡ（国際原子力機関）の保障措置（査察）に関する規定もある」と国会で答えているが、保障措置と安全保障とは全く異なり、「安全保障に資する」とは「核武装につながる」ものと、他国の目に映るのは当然で、韓国のメディアから即日、懸念の声が伝えられた。

同紙解説が重要な指摘をしている。原子力の憲法ともいうべき原子力基本法を、原子力規制委設置法の付則として、どさくさまぎれに変えた。より上位にある基本法を付則として変えるのは理不尽。世論の力で可能な限り早い機会に「我が国の安全保障に資すること」の撤回が図られねばなるまい。

（２０１２年６月28日）

タクシー誕生100周年

明治史探索には青山霊園散策が必要になってくることが多い。東西南北に入り口のある広い墓地に、炎天下迷いこむと、熱中症にかかること必定なので、最寄りの駅からタクシーに乗った。老運転手氏は心得たもので、墓所の所番地を告げただけで、一発で場所を探しあててくれた。車中雑談の中で、

「お客さん、タクシー生誕何年になるかご存じですか」

とクイズをもらったが、答えられなかったわたしに、「タクシー生誕100周年記念キャンペーン」というチラシをくれた。

帰宅後、机上に開きかけてあった『明治事物起原』で自動車の項を見ると、初めて自動車らしきものがアメリカから送られてきたのは1900（明治33）年のこと。高価なのに加えて運転のむずかしさもあり、11年後の東京で自動車所有者はわずか150人余。中には1人または1社で数台を有するものもあって車の数は160余台。1カ月に1台増える程度だったことがわかる。

だが、その翌1912（明治45）年、意外に早く東京にタクシーが誕生したのは、150余人の自動車所有者の中に大日本自動車会社、帝国自動車運輸会社の名があったからにちがいない。

自動車はまずアメリカから運ばれてきた。だが、タクシーの起因を歴史的に見れば、17世紀イギリスの辻馬車の発達にさかのぼり、自動車時代に辻馬車が辻自動車として発達したのだという。

初期のタクシー運転手には馬車の馭者《ぎょしゃ》だった人が多かったそうだ。日本は自動車先進国とちがって、タクシーの数が自家用乗用車数に比べて相対的に多く、第2次大戦前には登録された普通乗用車の大部分がタクシーだった。タクシー100年にはアメリカの影は意外に薄い。

（2012年7月12日）

『暗黒日記』の呟き

清沢洌の『暗黒日記』が出版されたのはわたしの学生時代だが、その名は没後まもない敗戦直後、「生きのびていれば外務大臣にしたい人だった」という、大人たちの会話を通じて中学生の頃に知った。

後年、8巻にもなる大部な選集も買い求めておきながら、書棚の奥に積読《つんどく》のままになっていたのをとりだして箱をあけると、「混迷の時代を生きる―清沢洌の思想」という信毎特集記事の切り抜きまでも出てきて、十数年ぶりの宿題に遭遇したような気持ちになっているところだ。

日露戦争の翌年、16歳の清沢は信州穂高の無教会派クリスチャン井口喜源治の研成義塾を卒《お》え、移民を志す仲間と共に渡米。研成義塾出身の安曇野の青年たちは穂高倶楽部《くらぶ》という絆によって成績をあげながら、民族差別にも似た「排日移民法」の波にもまれ、母国政府からも見放されることにもなる。

多くの移民が製材、鉄道工事などの重労働に従事する中、清沢はひとり皿洗いのアルバイトでハイスクールで英語を身につけ、日米摩擦のはざまで現実をとらえる目を養いながら現地新聞記者の道に入っていく。12年に及ぶ滞米生活から日本に帰った清沢には、大正デモクラシーを背景に、中外商業新報（日経の前身）初代外報部長、朝日新聞企画部次長などのポストが待っていた。

だが、昭和になるや日米間には、不穏な影が一層濃くなってゆき、国際関係、外交問題を扱う清沢の視線にぶれがないことが特高の監視を強め、表現の自由を狭め、『暗黒日記』への呟《つぶや》きに収斂《しゅうれん》していく。

「満州事変以来の日本の不幸。第一は軍人を抑える政治家がなかったこと。第二に軍部を押え得る軍人がなかったこと。その事が動物的衝動に押されて戦争に持ってきてしまったのだ。（１９４３年８月27日）」

（２０１２年７月19日）

守衛・光太郎・拳

久しぶり穂高の碌山美術館を訪れた折、売店で高村光太郎の回想『荻原守衛』を買い求め、帰りの車中で読んだ。「死んだ荻原君」という冒頭の書は１９１０年４月守衛の急死に直面して書かれた追悼文。

ニューヨークでの初対面、ロンドン・パリでの交遊、そして帰国していよいよこれからという交わりが断ち切られる。パリ時代の「坑夫」に始まり、新宿時代の最期を飾る「デスペア」まで、豊かな作品を遺《のこ》して去った盟友のプロフィールを温かい筆致で描く。それから30年近くたって、光太郎は「荻原守衛」という詩を書き、終節にその死をこう歌う。

四月の夜ふけに肺がやぶけた。

新宿中村屋の奥の壁をまっ赤にして

荻原守衛は血の塊を一升はいた。

彫刻家はさうして死んだ――日本の底で。

碌山美術館の売店で、もう1冊、友人が買ってわたしにプレゼントしてくれたのは、『土門拳の眼《め》―荻原守衛の彫刻を撮る』という不思議なモノクロ写真集。偶然のことながら、写真家となってまもない土門拳が詩集『歴程』に掲げた光太郎の彫刻「黄瀛《こうえい》の首」は後に焼失して写真にのみその姿をとどめることになる。この新進写真家に、荻原守衛の生家に石膏《せっこう》のまま遺されている作品群を撮ることを勧めたのは、同じ安曇野に生まれた筑摩書房の編集長臼井吉見だった。１９４３年のこと。

高村光太郎に序文を依頼し、土門の撮影も終わりながら、戦争激化のため、この企画は実現せず、油紙で包装されたガラス乾板は防空壕《ごう》に眠りつづけることとなる。

戦後、碌山美術館設立に際し、守衛の作品はブロンズ化されたが、戦時中土門のカメラが凝視した守衛作品は素朴な石膏像。却《かえ》ってそこに2人の芸術家の魂の彫琢《ちょうたく》が生まれた。

（2012年8月2日）

ヒロシマとナガサキ

67年前の8月、京大生の兄が動員先から戻ってきて、広島に落とされた原爆の仕組みを絵解きしてくれた。ウラン235が自然界における唯一の核分裂物質だが、ウラン鉱石の99％は核分裂しないウラン238なので、濃縮には巨大な施設と膨大な予算が必要で、仁科博士らの実験は成功しなかったのだと。

わたしの原爆に関する知識はそこで止まったまま、8月9日長崎に落とされたプルトニウム爆弾との差は、故高木仁三郎さんのプルトニウムに関する著書で初めて蒙《もう》を啓《ひら》かれたのだといえる。

ウラン235が核分裂を起こして飛び出した中性子がウラン238の核に当たると、自然界には存在しないプルトニウム239という凄《すさ》まじい核分裂を起こす物質が生まれる。この化け物のような物質を量産する原子炉がマンハッタン計画で創り出されたことまでは、薬学部の学生だった兄は知らなかったのであろう。

45年7月16日ニューメキシコの砂漠を焼きこがした報告はポツダムのトルーマンに直ちに暗号で届き、すでに時代遅れの感のある原爆は8月6日広島に、プルトニウム爆弾はスターリンの対日参戦と競走する形で長崎に落とされた。

プルトニウムを量産できる米国の原子炉は戦後の冷戦を勝ち抜くべく大量の原爆を製造したが、冷戦下、安保体制の中、なぜか54基の原子炉が平和利用の名のもとに日本列島に売りこまれてきたことの意味が、67年を経て、初めて分かったような気がする。

54基の原子力発電所には使用済み核燃料の名で、猛毒のプルトニウムが保存されているという異様さ。1年前、菅民主党政権が脱原発依存を打ち出したのも束《つか》の間、野田首相が関電大飯原発3・4号機の再稼働を命じたのが、ひどく気にかかる。

（2012年8月9日）

ある語り部の訃

飯田下伊那地域を中心とする住民でつくる「満蒙《まんもう》開拓を語りつぐ会」が毎年1回発行し

つづけてきた聞き書き報告集『下伊那のなかの満洲』が10回目の今年、第19回信毎賞を受賞した。

その第10冊目が奇しくも8月9日手元に届いた。67年前の同じ日、ソ満国境に人間の壁のように配置されていた満蒙開拓団には、関東軍の根こそぎ動員によって男子青壮年の姿はなく、積年の無謀な植民政策への現地農民の怨念とソ連軍の侵攻の前に、開拓団の老幼婦女子の多くはパニックに投げ込まれる。

この本の冒頭に登場する4人の語り部はわたしの弟妹にでも当たる年齢で、生きて故郷に帰れとの母の思いと、異国住民の測り難い奥行きある心とに助けられて、33年に及ぶ残留孤児としての時間を生き延びて、父母の地に帰ってくるくだりは、胸衝かれずに読み通すことができない。

4人のうち3人は伊那谷が故郷であったのに対し、最年少の田中伸男さんは敗戦の1カ月前、1945年7月14日黒竜江省通河県の下伊那郷開拓団で生誕、父は既に根こそぎ動員で不在。母は敗戦の混乱の中、産後の肥立ちが悪く、新生児と生き延びるべく有仁《ヨウレン》さん方に身を寄せる。だが望郷やみ難く子を負い逃げ出し、養父は包丁を持って立ち回る。

日本に帰るなら殺すと言われながら、母は6人の異父弟妹を産んだ。口にできぬような苦しい体験が次々に紡ぎ出される。肝臓を患った母は国交回復と共に幼い異父妹を連れて帰国。養父と母を囲んだ12人の一族の記念写真。それから5年後、伸男さん一家の永住帰国と、養父、異父弟妹一族を次々に迎え入れる33年間の辛酸の歳月を語り終えて4カ月後、語り部の訃が語りつぐ会に届いたと記されているのを目にしたのは8月13日のことだった。

合掌

（2012年8月16日）

縁ある佐久の先人2人

佐久の先人たちを選ぶ原案の中にわたしがお世話になった2人の方がおられる。その1人小池勇助さんは戦前、小海線中込駅前で眼科医院を開いていた方で、結膜炎をこじらせて、わたしは通院した。待合室で小児患者たちが騒ぐと、ドアの向こうから院長の怒声が響くことがあったが、根は気さくで待合室に子供があふれていた。

1944年8月、小池医師は軍医として沖縄に出征。彼が隊長となった第2野戦病院に那覇市積徳高女の生徒25名からなる「ふじ学徒隊」が配属され、翌年4月1日米軍上陸とともに戦況は悪化。沖縄南部でひめゆり学徒隊などの自決が起こる中、6月26日、小池隊長は「今日まで奮闘いただきご苦労だった」と労《ねぎら》い、「必ず生きて家族のもとへ帰り、悲惨な戦争の最後を語り伝えてくれ」と、全員と握手して解散を命じた。ふじ学徒隊25名中犠牲はわずか3名。

「南の孤島の果《はて》まで守りきて／御楯《みたて》となりてゆく吾《われ》を／沖のかもめの翼にのせて／黒潮の彼方《かなた》の吾妹に告げん」。自決した小池隊長のかたわらに辞世の詩があった。

佐久の先人のもう1人柳本みつのさんはわたしと同じ旧臼田町出身。

明治の終わり臼田看護婦講習所の6カ月では満足せず、5里の道を小諸まで歩いて上京、日赤看護婦養成所を優秀な成績で卒業、婦長として働くかたわら助産婦の資格もとり、26歳で帰郷、田口村の医師柳本卓爾と結婚。以来、40年の間に田口村、臼田町を中心に、48歳で習った自転車で昼夜の別なくかけつけてとりあげた赤ん坊は3千人を超えた。

自転車の荷台には米や野菜、肌着やおむつが積んであり、55年主婦の友社より「日本の母」の顕彰を受け、没後24年、臼田駅前に碑が建った。どうやらわたしも、3千余人のうちの1人かも。

（2012年9月6日）

『東京満蒙開拓団』を読む

東京の大田区でミニコミ紙を出している仲間が、東京から送り出された満蒙《まんもう》開拓団のあとを追って5年、『東京満蒙開拓団』という一書にまとまって、興味深く読んだ。

満州事変のさ中、全国に先がけて「天照園移民」という一団が東京から送り出されたのは、東京深川の埋め立て地に設けられた無料宿泊所に集まっていた「屋外居住者」と呼ばれていた失業者たちの一団。１９３２年から36年まで5期にわたって１２５名が送られた。

東京からの第2陣は「王道楽土」の旗のもと川島浪速《なにわ》の秘書山田悌一の構想になる満蒙開拓のリーダーを育てる満洲鏡泊学園の建設だったが、入植2カ月、山田悌一ら14名の幹部が「匪賊《ひぞく》」の銃撃で全員死亡。学園の構想は潰《つい》え去った。

テスト移民期から大量移民期に向けて東京は多摩川農民訓練所、七生《ななお》拓務訓練所、大泉、三鷹などに訓練所を設け、開拓団送出のセンターとなる。39年には第8次興隆川東京郷開拓団が送出され、新島、八丈島などからも開拓民が北に向かった。

多摩川農民訓練所が七生に移ったあとには、多摩川女子拓務訓練所に看板は書き換えられた。「花嫁飢饉《ききん》の大陸に向け、花嫁養成の場となった」（『読売新聞』）。この頃、女子拓務訓練所は大泉や東京商工会議所の中にまで生まれた。

太平洋戦争下、東京の商店街には売るべき商品がなくなり、企業整備の名のもと、東京からは多くの転業開拓団が大陸に送られていくことになる。42年4月4日、新安東京村開拓団50名を送り出す壮行会の挨拶《あいさつ》は岸信介商工大臣、万歳三唱は藤山愛一郎東京商工会議所会頭だった。

東京が最後に送り出したのは常磐松開拓団40名。45年6月26日焦土の東京発、8月8日24時頃牡丹江駅着。ソ連軍侵攻と同時刻だった。

（2012年9月13日）

歴史認識と9月の憂愁

1931年9月18日夜、奉天（現瀋陽）近郊の柳条湖で満鉄の線路が爆破された。旧関東軍の仕組んだこの謀略事件が発端となって満州事変は勃発し、11日後の9月29日にわたしは生まれた。

柳条湖事件から14年間、日中戦争が続き、中学2年の夏日本は敗戦を迎えた。途中から南進した太平洋戦争は、東京裁判でその罪が裁かれたが、中国大陸への侵略は戦後冷戦の中で、放置されたままとなる。

敗戦から11年をへて、石橋湛山内閣が誕生。大正期から主宰する『東洋経済新報』誌上、彼が一貫して帝国主義的侵略政策を批判し続けたその立場からして、中国との和解を結ぶ政治家は他にいないと見られたが、不幸にも就任2カ月で病に倒れた。代わって登場した岸首相は、関東軍に推されて満州帝国のトップ官僚となり、後に東条内閣の商工相に上りつめたキャリアの故に、戦後巣鴨監獄下にあったとあれば、中国との真の和解の機は永遠に失われたと見るほかはなかった。

敗戦から20年の65年、わたしは旧満州を旅する中で、子供らが「9・18を忘れない」という唄を口ずさんでいるのを耳にし、帰国後日本の高校生に「9・18」とはいかなる日かと問うと、誰一人知らぬのに愕然《がくぜん》としたことがある。

それから7年たった72年2月ニクソン訪中に押されるように田中角栄代表が北京に出かけるのが9月29日のこと。周恩来・田中会談の中「ご迷惑をおかけしました」という日本側の挨拶《あいさつ》に、中国側が「スカートに水をかけられた程度のことじゃない」と、色をなして怒ったとか。

戦後50年の95年来日したワイツゼッカー元ドイツ大統領の「心からなる謝罪と、それに見合う賠償がわれわれには必要だったのです」ということばが忘れられない。

（2012年9月20日）

原田正純追悼講演会から

水俣病の医学者原田正純さんが6月に亡くなった。原田医師が診療していた精神科病院の患者用トイレに「原田先生がいなかったら私は生きていなかった」と感謝の落書きがあったとか。熊本市でのお別れ会には1300人の参列があり、首都圏でもぜひ偲《しの》ぶ会をと、先週都心で開かれた追悼講演会で、ありし日の故人の姿が語り合われた。

56年5月1日チッソ付属病院細川院長らによって、「水俣の漁村地帯で原因不明の中枢神経疾患が多発」と水俣保健所に届けられた。

3年後の59年11月熊大医学部が「水俣病の原因は有機水銀中毒」と厚生省へ報告。東京三楽病院でインターンを終えた原田さんは60年4月熊大大学院に進み、漸《ようや》く水俣病研究と出会うが、分からぬことが多かった。

先輩は動物実験、顕微鏡研究にとり組み、患者診察は疎《おろそ》かだったが、動物実験の苦手な彼は小児患者に関心を向けた。繰り返し通院を勧めたとき、付添《つきそい》の母親から、熊大に来るには親の仕事が一日潰《つぶ》れるのだと諭され、水俣の漁村で糞尿《ふんにょう》にまみれた小児患者を訪ねることから彼の研究は始まり、真実が見えてくる。

海辺の廊下に2人の兄弟が日向《ひなた》ぼっこしており、母親に2人とも水俣病かと尋ねると、兄ちゃんは魚を食べたから水俣病だが、弟は生まれつきだから水俣病じゃないとおこる。なぜかときくと、「先生方がみんなそう言うとです。この子と同じ年に生まれたこういう子がたくさんいる。先生、どう思いますか」と母親から重要な示唆をうける。

原田家に第1子が生まれた68年、臍帯《へそのお》と共に母子が退院した夜、興奮で眠れなかった父は翌朝患者宅に電話をかけまくり、瞬く間に多くの保存臍帯が回収され、胎児の体に有機水銀が入った機序が明かされた。

(2012年10月4日)

小天狗の霊を弔う

10月5日早暁、ＪＲ長野駅付近に現われ、1日市内を徘徊《はいかい》した末、夕刻の裾花河川敷で射殺された若い熊を飯縄山の小天狗《てんぐ》とでも名づけ、彼の行動の背景を探ってみたい。

体長1・3メートル、体重80キロ、生後5年の若い雄熊は警戒心より好奇心が強く、放浪に身を任せがちだ。親がかりの頃、団栗《どんぐり》が不作で里の近くまで下りてくることがあった。台風の来るごと、長野近郊の山あいの果樹園で知ったリンゴの味は、小天狗の脳裏にきざまれてもいたろう。

今年の台風は多くが西に片寄り、9月30日に日本列島に近づいた台風17号は、南海上を東寄りに進み、関東を直撃するかにみられたが、夕刻7時愛知県東部に上陸し、同9時伊那谷に入ったのは、気象庁よりも熊の方が早く感じとっていたかも。深夜佐久地方に達した台風は、翌日明け方東北に駆け抜けていった。

ここ数年、台風通過後の信州各地の果樹園では、落下したナシやリンゴ目あてに闖入《ちんにゅう》する熊の姿がセンサーカメラに映し出されていることを思えば、小天狗が長野近郊の果樹園目ざして飯縄山をあとにしたことが想像される。

熊の移動距離は最高22キロといわれる。裾花上流からの道なき道の草を食《は》み、仮眠を貪《むさぼ》りながら、4日間の大旅行だったが、台風の直撃を免れた長野近郊に落果は少なかった。10月5日午前4時50分新田町交差点、6時ホテル付近、同10分長野駅ホーム、同38分八十二銀行本店付近と、動転した小天狗は多くの目に晒《さら》された末、ようやく山の匂いを裾花川につきとめ、身をかくしつつ川を溯《さかのぼ》り始めたものの、午後4時18分、河川敷で最期を迎えた。

地域誌『伊那』10月号から、ツキノワグマは木苺《きいちご》、山葡萄《ぶどう》など自然界の植物の種を22キロにわたり撒《ま》く小動物の頂点に立つ存在と教えられた。

（2012年10月11日）

千曲川源流紀行

東京の町田市で16年間市長の座にあった寺田和雄さんから、夏の初めに長い手紙をいただいた。

要約すると、若い頃から山歩きを趣味とした寺田さんは、町田市職員として、南佐久郡川上村に「市の自然休暇村を開設させていただく」業務にも携わり、「川上村に関する文章を発見するたびに、いつかこれらをまとめてみたい」と思うようになっていた。「6年前に市長を退任し、川上村へのご恩返しに自費出版で一本にまとめようと思い立った」とあり、その中にわたしの拙文も入れたいとのことだった。

夏の終わりに、寺田和雄編『千曲川源流紀行―信州南佐久　川上村をめぐって』という清楚《せいそ》な装幀《そうてい》の一本が送られてきた。開けてみると、藤原川上村長の前文と8枚の美しい写真があって、目次を見て驚いた。

夏の秩父奥山―木暮理太郎、野辺山の原と十文字峠―武田久吉、笛吹川を溯《さかのぼ》る―田部重治、十文字峠―大島亮吉など、昔教科書や山歩きの名著で親しんだ方々の懐かしい文章が並んでおり、思わず読みふけった巻末近くに拙文が置かれていて、わたしは痛く恐縮したのだった。

とはいえ、拙文を除く12篇《へん》の蒐集《しゅうしゅう》は、編者寺田さんの手塩にかかるものであり、今では高原野菜の産地として広く知られている信濃川上村への100年以上にわたる山歩きのプロたちの思いが一本に吹きこまれているように思えたのだった。

笛吹川に沿って急峻《きゅうしゅん》な山道を登ってきた田部重治は県境を越えて広い牧場で山桜に出会った場面を音楽にたとえて、こう描く。

―夢のようにおぼろに立てる落葉松《からまつ》の色、洗ったような白樺の葉の色は、あこがれて来た南佐久の音楽的な自然を思い起こさせるに十分だ。―

ゆきゆけどいまだ迫らぬこの谷の
狭間《はざま》の紅葉時すぎにけり　牧水

（2012年10月25日）

対日講和という陥穽

1950年6月25日未明、北緯38度線全域で朝鮮戦争が始まる。受験勉強に忙しい高校3年のわたしの記憶には、漠然としか残っていない。62年たった今、歴史年表を開いてみると、意外なことが幾つも浮かぶ。

1週前の6月18日、ジョンソン米国防長官、ブラッドレー統合参謀本部議長が来日、マッカーサーと防衛態勢、日本基地維持を検討し、6月23日離日。6月21日、極東担当の国務省顧問ダレス来日、対日講和条約構想をマッカーサーと会談し、翌日吉田茂首相らと会合したとある。

6月25日米時間午後2時、国連安保理は北朝鮮に敵対行為の即時中止要求の米決議案を採択、ソ連欠席。7月7日安保理、米国による国連軍指揮を決定、同最高司令官にマッカーサー元帥、司令部を東京に置く。

9月14日トルーマン大統領、対日講和・日米安保条約予備交渉の開始を国務省に許可。ダレス、日本再軍備に制限を加えぬと演説。10月25日中国人民義勇軍、鴨緑江《おうりょくこう》をこえ朝鮮戦線に出動。大統領、原爆使用もありうると発言。急遽《きゅうきょ》英首相渡米、大統領と会談、原爆使用に反対。

1月1日北朝鮮・中国軍、38度線を越え南下、国連軍、ソウル撤退。1月10日トルーマン、対日講和締結交渉の大統領特別代表にダレスを任命。1月25日ダレス東京着。こう見てくると、朝鮮危機と対日講和は糾《あざな》える縄のごとく編まれて行く。

中国本土攻撃を声明したマッカーサーが罷免されて去る場面から、わたしの記憶は蘇《よみがえ》に、やがてサンフランシスコ片面講和反対のデモに記憶は繋《つな》がっていく。米国に協賛する49カ国による対日講和には、ソ連などの反対のほか中国、韓国、台湾、北朝鮮など日本の侵略に遭った国々は蚊帳の外に置かれ、日本は心からなる謝罪の機を失ってしまったのが、いかにも悔しい。

（2012年11月8日）

藤村生誕140年展から

今年は島崎藤村生誕140年に当たり、横浜市の神奈川近代文学館で特別展「島崎藤村展」が開かれ、直筆の書簡、原稿など400点もの貴重な展示品は圧巻であった。

わたしは学生時代、分厚い『夜明け前』をリュックに入れて、木曽馬籠に建設されたばかりの藤村記念館を訪れ、藤村ご長男の楠雄《くすお》さんから『夜明け前』執筆資料として藤村が書写した9冊の『大黒屋日記抄』を見せていただいたが、今回の展示にはその日記抄だけではなく、大脇兵右衛門直筆の31巻に上る『大黒屋日記』と『夜明け前』稿本の納められた桐箱《きりばこ》が、入館者を圧倒した。

藤村生誕の馬籠に建つ藤村記念館をはじめとする諸施設や大学、研究者、蒐集家《しゅうしゅうか》の協力の賜物《たまもの》ともいえるが、藤村と神奈川近代文学館の接点が初めわたしにはわかりかねた。

『夜明け前』の主人公青山半蔵が先祖の出自を求めて、黒船来航の浦賀に近い横須賀に出向く條《くだり》がある。そういえば「島崎」という藤村の姓も潮の香がすることに納得した。明治学院を終えた島崎春樹は世話になった吉村家の横浜伊勢佐木店に勤めたこともあり、鎌倉の寺にこもったりもしたが、晩年大磯の寓居《ぐうきょ》を好み、1943年8月21日未完の大作『東方の門』3章の途中で筆を置き、夫人の朗読する途中、脳溢血《のういっけつ》で倒れたことを思うと、藤村にとって神奈川は、先祖の出自であるとともに自身終焉《しゅうえん》の地として納得。

とはいうものの、筑摩県木曽馬籠村は島崎春樹出生の地であり、信州小諸の6年は詩人が『千曲川のスケッチ』から『破戒』へと散文に転生する重要な時間であることを嚙《か》みしめながら、神奈川文学館をあとにしたその日、『島崎藤村からの手紙―藤村と残星の師弟愛』（株式会社櫟《いちい》）が届いていた。小諸時代にもまだ知られざることが多々ありそうだ。

（2012年11月15日）

晩鐘

卓上の暦に11月22日は「小雪」とあり、「しょうせつ」と読みが振られている。二十四節気のひとつ、太陽の黄経《こうけい》が240度に達する時で11月22日ころにあたると注が記されている。東京ではこのところ快晴が続いているが、信州にはそろそろ小雪が舞うころにあたるだろう。おぼえておいていい節気のひとつにちがいない。

卓上暦を1枚めくった11月23日は誰でもご存じの国民の祝日「勤労感謝の日」だが、昔は新嘗祭《にいなめさい》といって五穀豊穣《ほうじょう》を神に感謝する日として、新米をいただいたものだ。農耕稲作だけの社会が遠くなってしまった今日、小学校ではこの祝日を先生方はどう教えているのだろうか。卓上暦には、ただ勤労感謝の日と記されているばかりだ。365日のうち、この日だけ勤労に感謝すればそれでよいのかと異を唱えるむきもあり、国民の祝日の中で最も座りのよくない名のように思えてしまう。

フランスの農民画家ミレーに「アンジェラスの鐘（晩鐘）」という勤労感謝にぴったりな名作がある。ノルマンディーの小村グルッシーの農家に生まれたフランソワは画家を志してパリに出たが絵は売れず、1849年コレラに追われてバルビゾン村に移ってから、あらためて農村と向きあい、「種まく人」や「落穂拾い」につづいて「晩鐘」という傑作を産みだした。パリに流行したコレラが、ミレーの絵の生みの親だったともいえる。

画面3分の2に広がる晩秋の広漠たる大地と夕焼け空を背景にして、1組の若い農夫婦が農具を傍らに置いてともに両手をあわせて祈っている。遥《はる》か彼方《かなた》に教会の塔が見える。夕刻の晩鐘が澄んだ空気を震わせるようにして2人の耳にとどいているさまが、観《み》るものにも伝わってくるような気がする。

（2012年11月22日）

笹子トンネル事故に思う

信州育ちのわたしは高温多湿の東京の夏は苦手で、1970年代、原稿用紙を抱えて信州に出かけることが習慣になった。重い参考資料と一緒に懇意な学生が車で運んでくれることが多かった。

中央高速が着工したばかりで、笹子峠の街道を越えるのは難業だったが、77年トンネルが開通すると小淵沢まであっという間に着くようになり、遽《にわか》に運転免許を取ろうと思い立った。すでに48歳になっていたわたしが大汗かきながら半年かけて免許が取れたのは、笹子トンネルの完成に背中を押されてのこと。

全長4784メートルのトンネルを、以来数えきれぬほど駆け抜けてきたのだが、休日の笹子は大渋滞の関所と化し、寄る年波のわたしの運転にはドクターストップがかかっている。

そのわたしに代わって家人らは11月3連休に仕事場の水抜きに八ケ岳山麓に出かけ、いつになく胸騒ぎがし、笹子を出た辺で電話するよう申し渡したのだが、渋滞は抜けたとケイタイが入って妙に安堵《あんど》した。

それから1週間後の日曜日、笹子トンネル天井板崩落の大事故で、あの胸騒ぎは偶然でないような気がした。笹子トンネルは築35年で、わたしの免許歴の1年先輩なのだ。テレビに映し出された内部の崩落したコンクリート製石板の危うい構造は高度経済成長期の様式にときに目につく技術の未成熟さが露《あら》わだ。

技術の未成熟さは、設計図段階で経営的スクリーン（審査）がかけられれば修正可能だったはずのものが、高度成長期の公団組織などにはその蓄積が欠けていはしなかったか。厳しいスクリーンがかけられていれば、あれだけの渋滞にさらされてきた築35年の建造物の危険性は予見されていたに違いない。

公共事業のバラマキとは異なる厳しい再点検が必要な時であろう。

（2012年12月6日）

国策のなかの非道性

もうとっくに野田内閣から安倍内閣に代っていたような錯覚に陥っていたのは、前者が原発問題ひとつ結論づけられぬまま立ち往生し、後者が早々と首相になったような元気な顔で憲法改正などを声高に語り始めていたからだったせいか。

野田内閣はつい昨日まで存続していたのに、再稼働の大飯原発もそのままにして退場し、焼けただれた4基の福島第1原発のほか、トイレのないマンションといわれる50基の原発が、将来見通しのないまま残されて、今年も暮れようとしている。

この国の原発の最大の危険はいつ起こるともしれない大地震と大津波だが、トイレなきマンションといわれる使用済み核燃料の処理、処分に何の見通しのないことも最難題だ。

わたしは最近まで中国残留邦人の訴訟問題にかかわりながら、満州事変を契機に国策として送り出された「満蒙《まんもう》開拓団」と、戦後「原子力の平和利用」として54基の原発が設けられていった経過が、国策として似ていることを痛感させられる。

「満蒙開拓」は対ソ連作戦を想定して関東軍が立案した。ソ満国境近くに配された開拓団は食糧や軍馬を関東軍に供出し、道路、水、通信などのインフラも共用し、いったん緩急の際には兵力の源泉として17~45歳の壮丁《そうてい》の根こそぎ動員で、開拓団には老幼子女がソ連軍の侵攻時、犠牲、自決を強いられた。

3・11以来、安全神話が崩壊し、職員が避難したあとの建屋の使用済み核燃料の中に猛毒のプルトニウムが蓄積されていると知らされた。再処理して夢のごときMOX燃料にする道が断たれたまま、それはトイレなき各原発に溜《た》まっている。粉末にして保存すれば核爆弾の一歩手前とささやく悪魔の声もする。

故郷を奪われた福島の難民は、中国残留邦人の数十倍になっている。

（2012年12月27日）

第五章　コーヒー党のつぶやき

〈２０１３年〉

井戸を掘った人を思え

石橋湛山（幼名省三）が幼少時から旧制中学（現甲府一高）を卒《お》えるまで甲府で育ったことから、市民の手で石橋湛山記念館が誕生したのは6年前のこと。昨年創立5年に因《ちな》んで「石橋湛山平和賞」と冠のつく論文募集が行われることになり、「湛山全集」15巻があることを含めて、この欄に紹介した。

縁あって論文選考の1人となったが、1956年12月総理大臣に選出されながら肺炎のためわずか2カ月余で退陣した短命首相のことを知る若者がいるかどうか心許《こころもと》なかった。

中高生を対象とした作文は山梨県内を主として136通が寄せられ、大学生を含む一般を対象とした研究論文は36篇《へん》と数は少なかったけれど、関東、関西とほぼ全国に広がり、20〜30代の若者の多いのが意外だった。最優秀賞に選ばれたのは湛山の母校を卒業後、関西の大学に進み、ある大学の非常勤講師となっている30歳の政治学徒だったのは嬉《うれ》しかったが、もっと嬉しく、もっと意外だったのは、南京出身の中国人留学生（22歳）が流暢《りゅうちょう》な日本語を用いて書いた「飲水思源《いんすいしげん》」と題するエッセー風論文が優秀賞になったこと。

昨年暮れの表彰式に現れた「飲水思源」の筆者は選者のわたしよりもはるかに正しい日本語で挨拶《あいさつ》し、甲府の大学に来た道筋を語った。

南京で日本語を学ぶことはほぼ不可能なので、そう遠くない周恩来総理の生地に行って日本語を学び、日中国交正常化の井戸を大正期から掘った周首相と並ぶ石橋湛山首相の名が田中角栄氏の陰にあるのを知り、甲府の大学に留学してきたと。

南京生まれの22歳の留学生が「飲水思源」を書いていた頃、中国の若者たちがトヨタの車を壊したりしていた。和の源に向け、『古事記』まで遡《さかのぼ》ろうと、大学院に進むことにしたと彼は微笑《ほほえ》んだ。

（2013年1月10日）

山津波と蛇抜け

『地域文化』（八十二文化財団）最新号の「災害と地域」は、千曲川と天竜川にまつわる河川災害史の特集だが、「自然への畏敬」という副題にも引きこまれて興味深く読んだ。

千曲川には1742年戌《いぬ》の満水、天竜川には1715年未《ひつじ》の満水のほか昭和36年梅雨時に起こった通称三六災害が記憶に新しい。

伊那谷を貫流する天竜川には、宮田村にかかる辺りから中央アルプスに端を発する小田切川、大田切川、中田切川、与田切川といった天竜支流の河川が梅雨時になると鉄砲水となって押し寄せ、「山津波」として恐れられる。1715年末の満水も三六災害も、その恐ろしい山津波だったのであろう。

「ドーン、ドーンという地響きが川から結構距離のあった学校まで聞こえてくる。…子供たちを無事送り届けることはできたものの、私は帰れなくなり、友達の家に泊めてもらったものの、その家がいつ山津波に襲われるかとの恐怖感で一睡もできませんでした」(三六災害時飯島中学教員だった松島信幸氏体験談)

山津波同様、蛇抜《じゃぬ》けも忘れられた用語となっているが、南木曽町読書《よみかき》中学太田美明校長(後の信濃教育会長)が愛児2人と同僚の夫人を土石流で失った慰霊に、木曽川右岸へ「蛇抜け慰霊碑」を建て、次のように刻んでいると語っているのは松島氏との対談者黒岩範臣氏(元信毎編集委員)だ。

「白い雨が降るとぬける　尾先　谷口　宮の前　雨に風が加わると危ない　長雨後　谷の水が急に止まったらぬける　蛇ぬけの水は黒い　蛇ぬけの前にはきな臭い匂いがする」

わたしも蛇抜けの現場を7年前、岡谷で見聞したことがあるが、この特集の中で県林業総合センターの片倉正行さんが「縄文の黒い土」で解析しているのに接して驚いた。

（2013年1月31日）

公害先輩国として

坂本九ちゃんの「上を向いて歩こう」が流行した1961年わたしは30歳になった。その年経済成長率13・3％となり、翌年から8・3％、8・6％、12・5％、5・7％、11・4％、12・4％と平均10％超の経済成長を続けた67年自動車保有台数が1千万台を超えた年、四日市喘息《ぜんそく》の訴訟が始まり、東京市街から都電が姿を消し、交通事故によるムチウチ症が激増した。

翌68年日本は米国についでGNP（国民総生産）世界2位につけたが、日大、東大に続いて全国に大学紛争が巻き起こった。高度成長期に30代を始めたわたしは、緊張感が重なって、会社を辞することになった。

お隣の中国では、その頃から文化大革命の動乱期が続き、鄧小平の改革・開放をへて、日本の高度成長とは40年近い時差をおき、超高度成長期に突入した。昨年1月の新聞発表によれば、2011年の新車販売台数は1850万5100台で、3年連続世界1位のコメントがついており、わたしは44年前の東京の濁った空気を思い起こしていた。果たせるかな、今年1月、PM2・5と呼ぶ有害物質を含む濃霧にかすむ北京天安門広場がテレビに映し出され、否応《いやおう》なしに44年前の東京や川崎の汚れた空を思い起こした。

一昨日の本紙詳報によれば、車社会が急速に進み、粗悪ガソリンによる排ガスが汚染を深刻化させ、今冬の冷えこみの厳しさが石炭消費量をさらに増やし、冷たい空気が天蓋《てんがい》となって北京の街を覆った結果1月の北京に26日間、有害物質や病原菌を含む霧が滞留したという。

公害先輩国としてぜひ伝えたいことがある。時間はかかったが自動車工場の技術者たちの努力、それなりのメディアの報道、名もなき学生や市民の抗議など。気がつけば、いつしか空気がおいしくなっていた。

（2013年2月7日）

地震が生んだ滝乃川学園

１８９１（明治24）年10月28日岐阜県・愛知県一帯に大地震。全壊焼失14万２千戸、死者７２００人、内陸型としては最大級の地震で「濃尾大地震」と呼ばれた。被災地向け救援品の無賃輸送が初めて行われた。孤児が続出し、孤女が遊郭に売られているとの噂《うわさ》が流れ、東京から救出に行った有志が10人ほどの孤女を連れ帰った日、新橋駅が10人の運賃全額を返却したとも伝わっている。

当時立教女学校教頭だった石井亮一もその一人で、留学資金として預けていた貯金を全部注《つ》ぎこんで、孤女学院を都下滝乃川に建てた。災害はボランティアの母だが、５年ほどして気がつくと、孤女たちは傷つきやすい年頃になっており、石井は自分の無神経さを恥じて「孤女学院」の看板をそっとはずし、滝乃川学園と改めた。

たまたま孤女たちの中に知的障害の子がおり、仲間がやさしく面倒を見るので、滝乃川学園を知的障害者の学園に切り替え、孤女たちを保母として養成するユニークな学校にしてしまう。２度転居してこの学校は名も滝乃川学園のまま今も、わたしの住居に近い国立市の一郭に健在なのである。

明治の初めお雇い外国人としてパリ大学から招かれてきていたボアソナード博士は、住居に隣接する東京裁判所構内から聞こえてきた悲鳴が江戸時代からの拷問と知った。司法大臣に意見書を出して拷問の廃止を約束させたことで有名だが、知的障害者施設としての滝乃川学園にも注目していた。

フランスでは大革命後、19世紀に入って、知的障害者問題への関心は急速に高まり、その施設も目に見えて増えていった。それはその国の文化度を測る指標といってよい。滝乃川学園には一昨年1770ページを超える『百二十年史』が完成した。

（2013年2月21日）

尖閣の緊張を解いて前へ

安倍首相訪米のそもそもの目的は尖閣諸島をめぐる日中一触即発の危機に対するSOSを、米大統領に訴えようとすることにあったと見受けられる。だがその着想に、思慮が不足していたのではなかったろうか。

１９７２年、田中角栄、周恩来という老練の政治家が話しあって知恵が出ぬまま、問題を後世に譲った。78年鄧小平と園田直《すなお》という２人の知恵者が知恵出しあっても、後世に任せようと結論したことを、石原前都知事に煽《あお》られた野田前首相が苦しまぎれに国有化という乱暴な処置をしてしまったことを、まず安倍氏はじっくり考えてみるべきだった。

その上でワシントンではなく北京に飛んで、この群島を歴史的、国際法的レベルで再検討する委員会を日中両国で設置してみることを提案するのが、最も理性的な対処の仕方だったのではないだろうか。

先週金曜（日本時間土曜）ワシントンで行われた日米首脳会談はいつしか主題がＴＰＰ（環太平洋連携協定）加入問題になっていて、尖閣問題は消えていた。土曜夜、長野に出かけたわたしは本紙日曜紙面でようやく日米会談の全体像を知った。

――訪米に先立つ米紙のインタビューで首相は、尖閣国有化後に緊張関係が続く中国に対し「力で領海や領土を奪うことはできないと認識させなければならない」として、日米連携で対処する重要性を指摘した。

これに対し首脳会談後の記者会見では「対話の窓は常に開けている。問題をエスカレートさせるつもりはない」と慎重な語り口に終始――

同じ紙面に、中国の習近平指導部が、駐日大使を務めた日本通の王毅氏を次期外相に起用するとの北京電が大きく伝えられていた。対日関係改善のためいち早く窓を開いたのは中国側だ。尖閣問題の解決で日中の関係を大きく前に進めるときだ。

(2013年2月28日)

キャパの中の2人

敗戦から間もない高校時代、アメリカの豪華グラフ誌『ライフ』で、戦争写真家ロバート・キャパのスペイン内乱などを写した作品に魅せられたことがあった。作家スタインベックらと行動を共にしたので、長いことアメリカ人だとばかり思っていたのだが、横浜美術館で開かれた「ロバート・キャパ/ゲルダ・タロー　二人の写真家」展で、初めてその数奇な2人の短い出会いを知った。

ブダペストのユダヤ人家庭に育ったアンドレ青年が独裁を嫌ってベルリンに逃れたのは1931年秋のこと。大型カメラの報道写真家の入れなかった亡命革命家トロツキーの講演会場に小型ライカをポケットに入れて入場したアンドレのとらえた写真が新聞を飾って注目された。

ナチス勃興のベルリンからパリに逃れたアンドレのカメラワークに引かれた亡命仲間の女性写真家ゲルダが、ロバート・キャパというアメリカ人好みの名をつけて、パリやロンドンの新聞・雑誌にアンドレの作品を売りこむ努力を傾け、いつしか2人の間に愛が芽ばえる。

折からスペイン内乱が起こり、アンドレは小型ライカを、演出役のゲルダは愛機ローライフレックスを片手に、人民戦線側に立って戦場をとりまくる。パリへとネガは送られ、戦争写真家ロバート・キャパの名は、西欧ジャーナリズムを席巻《せっけん》した。

ロバート・キャパことアンドレがパリに戻ったあと、激戦地でゲルダは事故で死ぬ。混乱の中、2人が撮り溜《た》めたネガを入れたスーツケースが紛失し、ゲルダの死迄《まで》のキャパ作品には2人の仕事が混在することになったのだが、6年前メキシコシティーでスーツケースが発見された。ライカとローライフレックスの機種の差で、キャパの中の2人の写真家の弁別が可能となったという。

（2013年3月14日）

多磨霊園に詣でる

総面積40万坪の都立多磨霊園は、東京で最大の桜の名所。わが家から車で15分ほどなので、春の彼岸には毎年墓参に行く習いになっているのだが、今年は一昨年から2年間作品の中に登場願った主人公へのお礼参りを兼ねた。彼女は東大医学部内科を創ったベルツ博士の明治22年3月2日の日記にこう描かれている。

―日本の一女性の出現により、すっかり魅了されたが、それは小鹿島《おがしま》夫人で、自分が今までに出会った最も魅力ある女性の一人だ。夫人は達者に英、仏、蘭語をしゃべり、あえて日本のハカマを洋装に利用する勇気があった。―

ベルツ博士に激賞されながら、小鹿島筆子という女性についてはこれまであまり知られていなかったため、毎月作品に登場願うのは大変であったが、知られざる素顔が徐々にわかってくるに従って、毎月胸躍《おど》るような作業にもなっていった。3カ国語を使いわける語学の達人でもあったが、樋口一葉、若松賤《しず》子らに劣らぬ硬質な和文の足跡を84年の生涯に残していてくれたからだった。

小鹿島筆子の初婚の不幸と、滝乃川学園を主宰する石井亮一との再婚後の茨路《いばらじ》のような後半生については、2月26日の本欄で池内紀さんが「バトンタッチ」として書いてくださったので省略するが、重度の障害がある長女と共に、年若い石井亮一と再婚した時、己《おのれ》は死んだものと心に決めたと筆子は書いている。

だが、亮一・筆子の二人三脚で築いた知的障害者治療教育120年余の歴史は、この国の貧しい福祉の中の金字塔だ。

40万坪の広大な多磨霊園には、1件ごとの地番が整然と決められており、目ざす石井亮一・筆子の十字架のついた墓標はすぐ目に入った。初夏にも似た光のなかで、2年間登場いただいたことへの感謝を捧《ささ》げた。

（2013年3月21日）

コーヒー党のつぶやき

1888（明治21）年東京上野黒門町の可否茶館が喫茶店の第1号というのは定説だが、明治の終わりには京橋、銀座に移り、わたしが編集者になった1960年前後にも京橋界隈《かいわい》には狭い入り口からコーヒーの芳香がもれてくる喫茶店が多く、友人知人とコーヒーを啜《すす》り、灰皿に吸い殻を満杯にしながら、雑誌のプランを考えあったのが喫茶店だった。

家でコーヒーを飲むことは滅多《めった》になかったが、勤めをやめ、書斎が仕事場になるようになってからは、コーヒーだけは自分で淹《い》れるようになった。煎《い》った豆とコーヒー・ミルを買ってきて、2段ボールのサイホンでコーヒーを沸かし、客に講釈をまじえて接待したりもしたが、やがて豆を買ってきてコーヒー・ミルで挽《ひ》くのは面倒になり、ミルもサイホンもいつしか戸棚の奥に入ったままになってしまっている。

最近は朝起きると、薬罐《やかん》にカップ5杯分の水を入れて沸かし、漏斗状の漉《こ》し器に乗せた漉し紙の中に小匙《こさじ》5杯ほどのコーヒーを入れ、沸騰した湯をゆっくりと漉し器全体に及ぶように注ぐのが腕の見せどころなのにちがいない。

鼻をつくコーヒー独特の香りによってその日一日の体調がわかるような気がする。朝食後と午後の3時、そしてわたしの場合は夕食後から夜中までに3杯のコーヒーが思考の原動力になっている。

以前、周囲からコーヒーの飲み過ぎといった批判がやかましかったけれど、ありがたいことに最近お医者さまからも規制がかけられることがなくなっている。血圧降下剤、血栓予防剤などの薬が出るたびに、水を沢山《たくさん》呑《の》んでなるべく早く薬の成分を体外に排泄《はいせつ》するようにと勧められる。コーヒーは利尿作用が高いのでぜひ積極的にお飲みなさいと激励されたような気になる昨今のことだ。

（2013年3月28日）

映像になった韓国の声

3月の初めの本欄で姜尚中《カンサンジュン》さんが韓国国道1号線を縦断する旅を書いておられたが、3月の末、NHKの深夜番組で木浦《モッポ》からソウルをへて板門店に至る姜さんの姿が2時間にわたって放映されるのを見て、「韓国の新たな素顔」がわが家の居間に再現された。

メディアが伝える韓国の姿は、日本を上回る競争社会という印象をきざみつけているが、「NHKの仕事でやってきました」と挨拶《あいさつ》する姜さんは、小雪の降る韓国の町や村で温かく迎えられ、どこにも競争社会のギスギスした空気がないのが意外であり、快かった。

木浦からほど近い海岸の町に原発が民家に迫るように建っている。住民に情報公開なく建設された軍事政権時代の悪《あ》しきこの遺産が今、市民の手で安全確認の審査対象になっており、審査委員長が詳しく語り明かすのを見れば、日本の原発より遙《はる》かに公開が進んでいる気配だ。

骨まで凍えそうな峠の村にサウナを備えた宿泊郷が建設されていて、迎え入れられた姜さんに村長が、競争社会の格差にとり残されていた自然と伝統を生かしてサウナのある一大宿泊村がつくれたのだと明かす。

北の核実験に備えた論山陸軍訓練所、極東最大のハンフリーズ米軍基地など厳しい現実を抱えながら、「親米和中」を計るソウルの街は大統領就任式の前夜にあった。ソウル郊外の開発を白紙撤回させて実現したソンミ山マウルという反競争社会は共同保育から端を発した運動だったという。

そんな街中で耳にした声、「日韓の領土問題？　あんな島はかもめにあげたらいい」―日韓はもっと相互に支え合う関係になりうる―これが彼らから異口同音に漏れた言葉だったと姜さんの伝える韓国が、深夜の映像となって心に刻まれた。

（2013年4月4日）

レンゲの花

小学校に上がる前の記憶だから、戦争になる前のことのように思える。生家の裏手の五反歩ほどの水田はKさんの田圃《たんぼ》で、桜の花のころ全面にやわらかい緑草が敷きつめられた。ある日薄紫色の花が満開になると、絨毯《じゅうたん》のような田圃の中で、姉がレンゲの首飾りを編んでくれた。戦争が始まるとまもなくKさんは出征、人手の足りなくなった田圃からはまもなくレンゲは姿を消してしまったのではないだろうか。

種蒔《ま》きの適期とされる八十八夜は、5月2日ごろ。田圃の一郭に水が張られて苗代に種が蒔かれても、レンゲは5月の半ばまで咲き誇り、蜜蜂の箱に甘い蜂蜜を提供したあと、牛馬のひく鋤《すき》で30センチ以上も掘り起こされ、堆肥と交ぜあわされて、水田の基本肥料の役割を果たした。それは後年になって学んだことだ。

レンゲは中国原産で漢名は紫雲英と書く。紫色の雲のような花と呼ばれたのであろう。日本に渡ってきたレンゲ草は早くから水田に鋤《す》きこまれて肥料となった。レンゲ草の根に根粒菌の形で窒素肥料が十分にたくわえられていることを、われらが祖先の日本人たちは知っていたような気がする。

戦後、急速にレンゲが田圃から姿を消していったのは化学肥料に加えて、田植機を初めとして機械化が急速に普及していったからにちがいない。飼肥料作物としての全国でのレンゲの栽培面積は１９６０年23万８千７百ヘクタール、開花期の早い九州、四国やレンゲを県花としている岐阜県の努力によるものだったが、88年には１万３千ヘクタールを切ってしまった。

レンゲ再興をめざして日本レンゲの会が信州安曇野で始まったのは29年前のこと。わたしの住む東京府中市にも熱心な市民がいて、６アールの水田を借りて４月27日「田んぼの学校」レンゲ祭が開かれるそうだ。

（２０１３年４月18日）

沖縄の今

サンフランシスコ講和条約発効61周年となる４月28日を「主権回復・国際社会復帰を記念する式典の日」とすると政府が発表したのに対し、沖縄でどのような反応があったか知りたいと思った。

東京銀座の沖縄タイムス東京支社でここ1カ月のタイムス紙を見せていただいた。3月8日の第1面に白ヌキで4・28「主権回復の日」が見出しとなり、脇に―首相「屈辱の日」認識欠く―との副題がつけられており、衆院予算委での首相の発言がこう伝えられている。「主権を失っていた7年間の占領期間があったことを知らない若い人が増えている。日本の独立を認識する節目の日だ」

日本は1952年4月28日の講和条約発効で独立したが、「沖縄や奄美諸島」は米国施政下にとり残された「屈辱の日」だという認識が首相の発言には欠落していると、タイムスの記事は指摘しており、何人かの首長たちの談話が続く。

仲井真《なかいま》弘多《ひろかず》知事は「独立したんだから結構な日じゃないか」としつつも「沖縄にとっては置いてかれた日でもある。いろんな思いや恨みつらみは当然県民感情としてある」。

喜納《きな》昌春県議会議長は県民感情を代弁するかのように激しく、「唐突だし、頭越しだ。『4・28』は沖縄が切り捨てられた怒りの原点の日だ。沖縄に米軍基地がこれほど集中し、日米地位協定のありようを考えると今日まで主権を取り戻したと言えるのか。4・28を祝う式典自体が県民を愚弄《ぐろう》するもの。県民が新たに結集する日になろう」と語った。

4月10日、仲井真知事は県民感情を顧みて式典不参加を表明した。沖縄と本土の間の断絶を埋めるため、いろんな地方紙が沖縄特集を組み、現状を伝える日にできたら、沖縄の人びとはどんなに勇気づけられることかと私は思う。

（2013年4月25日）

憲法記念日を前に

安倍内閣成立からまもない昨年12月31日の産経新聞に首相の独占インタビューが掲げられた。これを受けるように、元日の『ニューヨーク・タイムズ紙』はドレーク大学のM・マッカーシー助教授の論文で、安倍政権の慰安婦問題に関する河野談話の見直し表明に触れ、「こうした歴史修正主義がはびこる雰囲気は、日本と近隣諸国の関係を円滑にする上で最大の障害だ」と批判。「東アジアで日・韓を最重要同盟国とする米国にとっても、深い懸念材料だ」と指摘し、1月3日のより厳しい批判的社説につなげた。

安倍首相の新年早々の訪米が延期された背景には、右のような懸念が広がっていたからにちがいない。

英国の『エコノミスト誌』は安倍首相を「筋金入りの国家主義者」と評し、閣僚中に「みんなで靖国神社に参拝する国会議員の会」の会員が14人いると報じ、春の靖国例大祭の緊張を予見した。

ドイツの『シュピーゲル誌』は、「隔世遺伝の安倍…過去の危険にすり寄る日本の首相」の見出しで、首相の尊敬する祖父をとりあげ、「岸信介（元首相）はヒトラー政権のもとで軍需大臣を務めたアルベルト・シュペーアの日本版」と断じた。「新首相の歴史修正主義の傾向に疑いの目を向けているのは中国・韓国のみならず、日本を守る米国も東アジアの緊張状態をさらに悪化させることを恐れている」と分析している。

海外メディアが見過ごしている自民党作成の「日本国憲法改正草案」と「日本国憲法」を読み比べて、もしこの草案が国会を通過したらと、暗然たる気持ちがする。歴史修正主義という名のフィルターがかけられると、かくも凡庸な文字の羅列になるものか。60余年の風雪に耐えた日本国憲法が5月3日、津々浦々で読み直されてほしい。

（2013年5月2日）

狼の役割

5月連休の渋滞をさけるべく、夜10時八王子インターから中央道に乗ったのだが、小仏峠手前で7キロ、笹子トンネル付近で10キロ近い車列となって、小淵沢到着のときすでに午前1時すぎ。そこから鉢巻《はちまき》道路を30分ほど走れば仕事場に着くはずが、その夜は深夜の沿道で蛍のような点滅が車の速度を鈍らせた。

闇に目を凝らすと、5、6頭の鹿一族が、わが車に監視の眼光を向けている。40キロたらずの距離の間、5家族ほど遭遇したことを思うと、あの夜八ケ岳山麓に山菜の芽を摘む鹿の輪ができたのかもしれない。

高原野菜を鹿から守るべく柵を巡らす知人が、昨夏まるで鹿にとり囲まれているような気がすると嘆いていたのを思い起こした。狼《おおかみ》がいたらなあとも彼は言った。

高脂血症で牛肉を禁じられているわたしは、月1回都内の洋食店に鹿肉を食べに行く。鹿肉は牛肉より格段に脂身は少なく、鉄分は牛肉の7倍でカロリーは4分の1とは店主の言。先日、大鹿村へ芝居見物に出かけた折、鹿塩《かしお》川の畔《ほとり》の塩湯に浸《つ》かったあといただいた鹿肉のカレーライスの味は絶品だった。「日本で最も美しい村」連合に参加している大鹿村の心意気が示されていた。

それから数日後、本紙は1面トップと社会面とで、南アルプス高山帯で環境省が銃でシカ駆除に乗り出す計画と伝え、わたしは興味深く読んで思った。環境省はついに狼の役を思いついたのかと。だが狼は自然の摂理に従って天敵の役割を果たしていたのに比べ、スタンドプレーに堕《だ》していないか。南アの天辺《てっぺん》の鹿だけを撃っても麓に予備軍がワンサといるのをどうすべきか。生態学・動物学の専門家にも疑問がありそうだ。

やるべきはまず鹿肉の需要振興、若い狩猟家の自立促進などであり、足元を固めるのが先ではないか。


（2013年5月16日）

卆寿を迎えた元従軍慰安婦

朝鮮半島の大田《テジョン》にいた16歳の少女宋神道《ソンシンド》さんが平壌、新義州を過ぎ、天津をへて長江中流の武昌に連れて行かれたのは1938年秋のこと。

中国人の逃げ去った食堂の至る所に血糊《ちのり》がこびりつき、十数人の朝鮮の娘たちは放置されていた遺体を片づけ、血糊を洗った。「世界館」の看板、1階ホールが帳場、2階は4畳ほどの小部屋に仕切られ、そこが少女たちの職場となった。

身体検査を泣いて抵抗した宋さんの尻をポンと叩《たた》いて軍医は次の受診者を促した。宋さんの小部屋に最初に来たのが軍医だったが、抵抗する彼女の頭を撫《な》でて出ていった。その直後、業者に殴られ、借金を返せと脅された。天津で買った着物やワンピースなどすでに金で縛られていたのだった。それから7年間、1945年の夏まで、この紙面にはとても書けぬ残虐非道の生活が続いたことが、「ハルモニの唄」(『世界』3月号)に川田文子さんの聞き書きでじつにリアルに再現されている。日本維新の会共同代表の橋下徹大阪市長に読ませたい。

何百何千に及ぶ若い朝鮮の娘たちが中国戦線からアジア各地に拉致同様にして連れ出されていったことが今に至るまでこの国の多くの人々の目から隠されたままになっている。

宋神道さんは岳州の慰安所に通ってきていた井田軍曹に除隊したからと求婚され、船が博多に着くや婚姻証明を掃き捨てられた。行くあてもなく、東北女川の朝鮮人河再銀《ハジエウン》さんの作業員宿舎の飯炊きとなった。18歳年長の河さんを「とうちゃん」と思って暮らし、河さん没後東北農漁村になじみつつ、2度の波瀾《はらん》を立派に乗り切る。93年、ただ一人の在日「元慰安婦」として日本政府に謝罪を求めて法廷に立ち、2011年3月11日の大津波を愛犬と共に生き抜き、昨年90、卆寿《そつじゅ》を迎えた。

（2013年5月23日）

耳と補聴器

人間の顔にそなわっている器官は脳に直結しているが、目は光を媒介にして外界の物の色や形をとらえて脳に送りとどけ、耳は自然界の音や人間の発する音声などを素早くとらえて脳に伝える。その精緻さには感服するほかはない。

だが、わたしの耳はかなり前から故障がちになってきている。40代の初め、目まいがして病院に行くと、メニエール病と診断され、耳の奥、内耳の司る平衡感覚がそこなわれていると申し渡された。耳にそんな役割があるのを初めて知った。ビタミン剤と精神安定剤をもらってしばらく安静にしていただけで、目まいは去った。

あらためて耳の解剖図を眺める。外耳、中耳、内耳と三つに分けられる耳の中に、鼓膜、耳小骨、耳管、三半規管、蝸牛管《かぎゅう》、前庭器などの集音装置があって、最後に聴神経を伝わって何千、何万種類の音が脳に送りとどけられていくその仕組みに驚かずにはいられない。

いつのころからか、耳の奥でジーンと耳鳴りがするようになったが、仕事にかまけて、真冬なのに耳の中で蟬《せみ》が鳴いているなどと言って、耳鼻科に行こうとしなかった。たしか蟬は数年鳴きつづけていたのではなかったろうか。ある日、蟬が鳴きやんだ時、知らず知らずのうちに、わたしはテレビの音を大きくしており、孫が来るたびに音量を小さくするのに教えられて、耳が遠くなっているのに気づいたのだった。

10年ほど前のこと、慌てて街の耳鼻咽喉科に出かけたのだが、健康保険証の年齢からみて、補聴器を勧められて戻るほかなかった。以来、わたしは補聴器を両耳に入れる難聴者となってしまったが、補聴器はあらゆる音を分別無しに集めるため、宴席は周囲の音が気になり、恐怖症になってしまっている。

（2013年5月30日）

磧学の新著に学ぶ

比較憲法学の碩学《せきがく》、樋口陽一さんから新著『いま、「憲法改正」をどう考えるか』をいただき、177ページながら3日かかって読み終え、「日本国憲法」と自民党「改正草案」の差が実によくわかった。

樋口さんは仙台の高校で井上ひさし氏と机を並べたという。お父上が東北大の重鎮だったこともあって、東北大法学部から同大学院に進み、パリ大学へ。帰国後、東北大から宮沢俊義博士の学風を継ぐ人として東大に迎えられた。

「幕末の開国は、『押しつけられた』結果だった」に始まる本書の第1章は、ただ「押しつけられた」ものだったわけではなく、伊藤博文、森有礼《ありのり》の間で交わされた人権宣言をめぐる論議以来、立憲主義は憲政のキーワードであり続けたとの著者の分析は、この国の近代化の難問であり続けた〈個人〉の解放が、占領軍の押しつけによって戦後の憲法理念となっていったとつながっていく。

第3章に〈3・11〉後の未曽有の混迷の中で、二つのconstitution（公共社会の骨組みと憲法）が交わる三つの場面が描かれる。ここ数年「無縁社会」と言われてきた中で、共感し合う無数の個人ひとりひとり（13条で規定）が、自分たち自身の気持ちで連帯し合ったことの貴重さ。そして「象徴」（1条）としての天皇が皇后とともに被災者を励まし、救援に力を尽くす人びとをねぎらう、その存在のたしかさ。さらに、9条の下に置かれた自衛隊員の、誠実で効果的な救援、復旧活動が住民の信頼にこたえたこと。

巻末には日本国憲法と「改正草案」があって、読書会のテキストに最適だが、1条「象徴」が草案では「元首」に、9条「戦争の放棄」が草案では「安全保障・国防軍」に、13条の「個人」は草案ではたんなる「人」となる。

（2013年6月6日）

エスペラントの力

チェコのプラハで国際ペン大会を終えたあと、航空券に数日の余裕があって、友人と隣国ポーランドのワルシャワまで足を延ばしたことがある。もう30年ほど前のこと。

第2次大戦で徹底的に破壊された市街は長い年月をかけて復元されたとのことだが、

所々に舞台セットに似たものが感じられ、もの悲しかった。当時世界的に名を知られた自主管理労組「連帯」のワレサ氏はグダニスクに在住といわれたが、ポーランド人としてまず頭に浮かんだのは国際補助言語といわれるエスペラントの創始者ザメンホフ（1859～1917年）の名だった。

彼の郷里ビアリストクは白ロシア共和国（現ベラルーシ）に近い要衝で、リトアニアも近く、この町にはポーランド語のほかロシア語、ドイツ語、フランス語、リトアニア語などが飛び交う中でザメンホフ少年は異民族間の反目や争いを見、言語の違いがその原因の一つだと感じていた。彼自身はユダヤの家系だった。

長じて彼は眼科医となるかたわら、天賦の語学的才能を駆使して、国際補助言語Esperantoを考案した。フランス語の希望＝Esperanceの借用にちがいない。ザメンホフの創案になるエスペラントという人工語にはポーランドの悲惨な歴史がこめられている。

わたしの学生時代の級友に水野義明君という語学の異能がいた。のちに英語学者として明治大学の教授になったその彼は、学生時代からエスペラントを独習し、50歳を過ぎた年、明大の在外研究員として1年間、各国のエスペランチストと連絡をとりあい、民泊中心に「何でも見てやろう」の旅をつづけた。

残念ながら水野君は昨年急逝したが、遺著『新エスペラント国周遊記』には現代の若者を鼓舞する力がこめられている。

（2013年6月13日）

この危機を超えられるか

毛利元就の「三本の矢」は3人の子息に与えた教訓状として歴史に語り継がれたが、アベノミクスなる三本の矢は裸の王様に似た不用意な施策で、同志社大の浜矩子《のりこ》教授はアホノミクスと酷評した。

バブル崩壊以来20年余続いてきた日本の長期不況は世界的にも注目され、歴代内閣もそれなりに手だてを講じつつも、効果はなかった。

長寿高齢化と少子化はセットになって進行し、両者に挟まれて勤労者層が減少する中で不況は続いた。フランスなどでは1世紀近い時間をかけて展開された社会変化が、日本では20年ほどの間に急激に現実のものとなっていった。

一方、高度成長のもと、豊かさが当たり前のこととなり、さまざまな商品に囲まれるような生活が続き、いつしかシンプルな生活が求められるようにもなっていた。震災後の原発縮小・廃止論などもその表れではなかったろうか。肥大化していた社会構造をどう小さくするかが求められる中で行われた衆議院選での自民圧勝で政権に返り咲いた安倍首相の掲げた三本の矢は(1)徹底的な金融緩和(2)公共事業を中心とする財政出動(3)財界の意向を受けた成長戦略。

いずれも手垢《てあか》にまみれた見当違いの施策で、躊《ためら》う白川日銀総裁に代えて日銀嫌いの黒田東彦《はるひこ》新総裁に一の矢を任せて円安、株高を演じさせた。世界のヘッジファンド（投機的資金運用業者）の目には裸の王様と映ったに違いない。

5月23日、米西海岸のヘッジファンドの仕掛けた日本株暴落が始まった。参議院選の前哨・東京都議選告示の翌日、中央紙に暴落までの詳細が報じられた。直近の地方首長選は静岡県知事選をはじめ、与党が惨敗する中で、都議選は日本の危機を乗り切る内容を示してくれるだろうか。

（2013年6月20日）

気になる最近の原発事情

日本の原発技術は最高水準にあるとわが首相が中東、東欧に輸出宣伝に勤《いそ》しんでいた5、6月、幾つかの事故が報じられた。5月には東電福島第1原発の井戸水からストロンチウム、トリチウムがそれぞれ法定濃度の約30倍、約8倍検出された。

茨城県東海村の加速器実験施設で5月23日放射能が漏れ、換気扇が3日間回り続けていた。6月3日、高速増殖炉「もんじゅ」（福井県敦賀市）に原子力規制委が保安検査に入ったところ約2千個の機器の点検放置が判明、なかには原子炉内を冷やすナトリウムの循環ポンプなどの最重要機器もあった。

5月末には千葉地裁で原発集団訴訟の初弁論が行われたが、国と東電は請求の棄却を求めた。政府は民主党時代の脱原発路線を排して原発再稼働を目指しており、それがまた党、政府要人の発言撤回やつぶやき（ツイッター）による停職処分といった珍事にまで発展している。

自民党の高市早苗政調会長は「原発事故によって死亡者が出ている状況ではない」と述

べ、原発再稼働を目指す考えを示したところ、避難先で亡くなった人、職を失って自殺した人もいると、福島や与野党から怒りの声が噴き出したと新聞は伝え、翌日発言を撤回、謝罪した。

「左翼のクソどもから、ひたすら罵声を浴びせられる集会に出席」とツイッター上で市民団体や国会議員を中傷する書き込みを繰り返していた復興庁の水野靖久参事官は停職30日となり、処分を発表した根本匠復興相も大臣給与1カ月分の自主返納を表明して、幕引きがあわただしく進められたのは、来るべき参議院選にあとを引かないがためだったともいえるだろう。アベノミクスの3本目の成長戦略にとってみれば、福島の復興は忘れてしまいたい荷物に化してしまっているのではないか。

（2013年6月27日）

眼と涙

この島国の中で、顔の造作《ぞうさく》についての単音節、二音節の単語は、最も早く生まれた言葉のように思う。

ke（毛）me（眼《め》）ha（歯）は単音節、mimi（耳）は二つが両側に離れており、hana（鼻）とkuti（口）は顔のまん中にあって大きい存在なので二音節となったものか。これらの器官は外界に向けられた窓の役割を果たしている。

毛は最も大切な脳を衝撃から守り、耳は外界の音を聞きとる窓であり、鼻は酸素をとり入れてCO_2を排出する重要な役目を果たし、口と歯は食物をとり入れ、言葉を発するになくてはならず、眼は光と色と形態を直ちに脳に伝達する重要な社会に向けての窓たり続けてきた。

睡眠時を除いて80年、重労働を強いてきた己の眼に白内障のかげがあると診断されて、初めて眼の中を覗《のぞ》いてみることになった。上下の瞼《まぶた》、左右に分かれた目頭と目尻、瞼に守られた眼球は銀杏《ぎんなん》に似て、黒目の中に虹彩《こうさい》と瞳孔《どうこう》が納まっている。

鏡に映し出された眼の構造はざっとそのようなもので、額の真下に2台の小さなカメラが据えられているような気がしないでもなかったが、あらためて医学書に載っている3枚の図面、(1)眼の縦断面図(2)眼球の水平断面図(3)網膜の微細模型図を眼にして、人間の眼が想像を絶するような精緻さで脳と連結しているのを知らされた。

瞼の裏の上方、耳側寄りに涙腺があるのは悲しみが眼と耳の双方から脳という司令塔に伝わるからか。

涙腺から湧き出る涙は、結膜、角膜の表面をうるおして、目頭に位置する涙点へと集まってハンカチを濡《ぬ》らし、涙道を通って鼻へ抜けてもいく。悲しみという感情は、眼と耳と司令塔の脳と終末処理役の鼻との合作によって、涙として昇華していく。カメラとは違うのだ。

（2013年7月11日）

夏休みの宿題

農村向け雑誌『家の光』には『こどもの光』という児童版が出版されており、農協がJAと呼ばれるのと軌を一にするように、Child と Green を農の頭字 Agri―で結んで『ちゃぐりん』と改題されながら、創刊50年を迎えるそうだ。

夏休みを前に『ちゃぐりん』の発売部数が増えるのは宿題向けの別冊に人気があってのことか。今年も『なるほど大百科』なる付録がついており、どこからでも読者の要望に応える仕組みに編集されている中から、「田んぼがはぐくむ命」というテーマを紹介しておこう。

開いたページの上段に3株の稲が茶碗《ちゃわん》の中に植わっている挿絵があり、「茶碗1杯＝稲3株分（3千〜4千粒）」と説明がついている。そして下段には茶碗1杯に白いご飯が盛られ、「茶碗1杯分のご飯を作る環境に育つ生き物」として、茶碗の周囲に11匹の小生物が時計回りに描かれ、生物名のあとに数が書き加えられている中から、昔懐かしい幾つかの生き物を拾いあげてみよう。

ツマグロヨコバイ7匹＝この虫をコップの水の中に入れるとみごとな潜水を見せた。セジロウンカ5匹＝8月これが田んぼに湧くと稲の被害は大きかった。ユスリカ168匹＝夕暮れ群れをなして顔のまわりにしつこくまとわりついた。

オタマジャクシ35匹＝苗代に水がはられると地の底から湧いたようにうごめくのに驚いた。8月の夜、カエルの歌は深夜まで続いた。ミジンコ5093匹＝たった3株の稲の下の堆肥の中から湧く膨大なミジンコの姿は見えなかったが、小生物たちの命を支える栄養源だと、わたしは後に知った。

コモリグモ10匹＝巣など持たず子を背負って徘徊《はいかい》しながら害虫を捕食する働き者だった。信州での夏休みは毎日が忘れ難い教場だったなぁ。

8月の傷痕

（2013年7月18日）

日本各地に観測史上最高気温を刻んで酷暑は去っていった気配だが、社会的にも一過性とは思えない幾つもの傷痕を8月が残していったことを心にとめておかねばなるまい。

7月の終わりに改憲を主張する団体の会合での講演で麻生太郎副総理が「ヒトラー政権下、ワイマール憲法がいつの間にか、ナチス憲法に変わった。あの手口、学んだらどうか」と語ったのに対し、米ユダヤ系人権団体からいち早く批判が上がり、発言から3日後麻生氏は釈明したものの国際問題化した。

政府は8月13日の持ち回り閣議で麻生発言について「ナチス政権の手口を踏襲するという趣旨で発言したわけではない。麻生氏なりの言葉で表現した」とする答弁書を決めて幕引きとした。7月参院選の与党圧勝が麻生氏の辞任をくい止めたものの、国際的評価は急落した。

8月6日、被爆者代表7人と面談した安倍晋三首相は「原発の安全性確保を最優先し、原発の再稼働、海外輸出を積極的に進める」と繰り返し、不信感を呼んだ。9日、長崎市長は式典に出席した首相を前にして、ジュネーブで開催された核拡散防止条約再検討会議で、核兵器の非人道性を訴える共同声明に日本政府が署名しなかったことの意味を追及することから始めた。被爆国としての原点に返ることをさまざまな角度から求めた「長崎平和宣言」は実況中継で全国に届いた。それにしても、福島原発における高濃度の海水汚染は8月中続いて9月に及んでいる。

日韓学者の共同研究による「慰安所職員の日記発見」（8月13日付信毎）は、日本と中韓両国間の歴史認識の隔たりを埋められるか。8月後半の新聞は秘密保全法案を「公務員漏えい最高懲役10年」と伝えた。かつての悪法治安維持法すら、初めは楚々《そそ》としていたというではないか。

（2013年9月5日）

なすことによって学ぶ

9月1日、飯田市美術博物館の「りんご並木60年」展の会場で、伊那史学会の原田望さんや飯田東中学の校長先生、生徒たちに囲まれたわたしは、突然タイムマシンに乗せられて、戦後まもない飯田に来たような錯覚にとらわれていた。

１９４７年４月、新制東中学校長に県学務課の松島八郎氏が任命されたが、４月20日の飯田大火で被災者のひしめく真只中《まっただなか》に着任した。灰燼《かいじん》からの復興にとり組むほかない９年の在任期間となった。

江戸時代からの城下町は小京都と呼ばれたが、道は狭く、復興の前提は大胆な道路の拡幅にあり、防火都市の設計図作りに３年、復興完了までには７年余かかった。

松島校長が全国中学校長会で札幌に行き、街路樹の美に魅せられ、欧州にあるときくりんご並木とあわせて月曜講話を行ったのは52年秋のこと。全校生徒に感動をよび、ホームルームの話題となり、職員会議にもそれは及んだ。平均年齢20代半ばの教師たちも積極的に動き、25メートルに拡幅された防火緑地帯をりんご並木に！　という東中学校の総意が市への陳情となって、53年３月に市の受け入れるところとなった。

新制中学校の牽引《けんいん》車たらんとして東中学校に着任した松島校長に、飯田大火で目的を阻まれたかに見えたが、灰燼からの復興という飯田再建に向けてとてつもない規模の教育実践を行ったのではないか。

『伊那』８月号に現東中学校教諭田中清一さんの「りんご並木の教育実践」に関する覚書が載っており、「learning by doing（なすことによって学ぶ）」という新教育理念を身につけ生徒を指導した小松谷雄氏のような若い教師たちが松島校長のもとにいたことが紹介されており、りんご並木の初心が見えてきた。

（２０１３年９月12日）

前事不忘、後事之師

１９３１年９月18日、関東軍の謀略によって「満州事変」が起こった。試験移民という名の武装移民が送りこまれた。「満蒙《まんもう》開拓団」の前身である。82年後の９・18を前に、今春下伊那郡阿智村に柿落《こけら》としの成った「満蒙開拓平和記念館」を訪れた。中央道の飯田山本インターを降りて目に入った喫茶店で軽食をとったあと、記念館の場所を尋ねると最短の道を教わりすぐ分かった。

阿智村役場に近い４４０坪の村有地は無償貸与、同郡根羽村提供の樹齢90年もの根羽杉を骨格とした１３２坪の建物には往時の規模雄大な養蚕農家を連想させる心やすさがあった。北は北海道から南は沖縄まで、全国から27万人の開拓団が送られたなか、長野県3万3千余名は全国1位。なかでも飯田下伊那は8400人を送出した。本邦最初の満蒙開拓平和記念館の建設をなしとげる原動力となった寺沢秀文さんの両親は初期送出された水曲柳《すいきょくりゅう》開拓団の参加者であった。

父幸男さんは敗戦2週間前にねこそぎ動員されて敗戦後シベリアに送られ、開拓団に残された母ツギさんは避難行の中で生後まもない長男を失った。夫妻は同郡松川町増野に再入植。農地が既にあった満州と違い一から開墾に励む中で、戦時下虐げられた中国農民の苦しみを知り、戦後生まれの秀文さんに「満蒙開拓」の理不尽さを問わず語りに伝えた。

平和記念館の受付を入ると、まず時代を知るタイムトンネルで近代の不幸な歴史に目を開かれ、10ほどの間仕切り（ブース）に近代史へのさまざまなヒントが提示されている。建物の中央に上から降り注ぐ光の回廊があって観客の心を明るくする。

開館3カ月で入館者が1万を超えた。鎮魂の場に相応《ふさわ》しく「前事不忘後事之師」（前事を忘れず、後事の教訓とする）の碑が建つそうだ。

（2013年9月19日）

清水英夫さん告別

6月に亡くなった清水英夫さんは敗戦からまもない頃、中央公論の編集部に在籍していたというから、わたしの遠い先輩だった。１９９０年、彼が映倫委員長に就任直後、委員になって協力せよとわたしは要請された。

戦前の検閲制度という苦い経験をくり返すまいと、映画業界から完全に独立した第三者機関としてつくられた映倫の歴史を説明された上で、委員を引き受けた。

映画の審査は十数名の審査員が行い、毎月委員会に報告があり、問題作について試写のあと意見を求められたりした。70年代、日活ロマンポルノの力作が次々に作られる中、警視庁の警告行動は映倫にまで及び、４作品に関する送検者は１３５名となり、映倫審査員3名も「猥褻《わいせつ》図画公然陳列罪」の幇助《ほうじょ》罪で起訴された。映画界は総力をあげて公判にとりくみ、全員無罪の勝訴となり、映倫の評価も高まる事件となった。

だが、裁判の長期化は当事者には経済的心理的負担を残し、審査でも性器・恥毛の描写をタブー化する跡を残した。バルザックの小説『知られざる傑作』をヒントにした仏映画

『美しき諍《いさか》い女《め》』が東京国際映画祭で上映されたのは91年10月のこと。画家のアトリエに美女たちが一糸まとわず次々に登場する。清水さんはそれを見て「いける」と呟《つぶや》き「性器・恥毛は」と「描写しない」の間に「原則として」の5文字をメモにしてみせた。

画室に美しいモデルたちが全裸で登場するのは少しもおかしくない。「これで、ロマンポルノ事件の後遺症は消えるよ」とほほえんだ。

先週土曜、東京会館でのお別れ会に90歳になる小学時代の友人が馳《は》せ参じ、「清水よ、秘密保護法の行方を天上から見張ってくれよ」と呼びかけたのがわたしの胸に響いた。

（2013年9月26日）

老将軍は歴史家だった

記者仲間と何度か外国に出かけたことがある。彼らは名所旧跡より、その国の要人に関心があり、いつも会見の場に連れていかれた。ホー・チ・ミン主席を援《たす》けてベトナム独立を実現したボー・グエン・ザップ将軍に会ったのは20年ほど前、ハノイの簡素な自宅の応接間でだった。

わたしがボー・グエン・ザップの名を知ったのは学生時代、1954年5月、難攻不落を誇るディエンビエンフーの仏軍要塞《ようさい》を55日間の戦略的攻撃によって攻め落とした将軍としてだった。その2カ月後、ジュネーブでの停戦協定が締結されたものの、米国とサイゴン政権は南北統一選挙を拒否し、以来73年3月まで米軍のベトナム介入は続いた。69年9月ホー主席は亡くなっている。

そんなことが頭にあって、93年夏わたしたちの前にディエンビエンフーの英雄が柔らかい笑みをたたえながら質問に応えているのが不思議に思えたほどだった。若い頃フランスに留学したのは歴史研究のためであり、長いベトナム戦争がなければ軍人などにならず、歴史学者になっていたろうとザップ将軍は語った。

ベトナム戦が大詰めを迎えた頃、ザップ将軍はモスクワに飛び、ソ連首脳と会った。彼らはサイゴン攻撃を懸命に止めた。直接対決すれば2時間で敗北するだろうと。ザップ氏は反論した。ロシア的に戦えばたぶん2時間で負けよう。しかしベトナム的に戦えば、われわれは必ず勝利すると譲らなかった。45年8月にベトミン（ベトナム独立同盟）がベトナム全土で武装決起以来、対仏戦、対米戦を30年先頭に立って戦ってきた歴史家ザップ将軍の目に勝利の瞬間が見えていたに違いない。

報道によれば、10月4日ボー・グエン・ザップさんは亡くなった。享年102歳。週末2日間にわたって国葬が営まれるという。

（2013年10月10日）

カタツムリ集め50年

昔、稲刈りの終わった頃、タニシをバケツ一杯掘り起こしてきたことがあった。雑木林の中からカタツムリを見つけてきて、♪デンデンムシムシカタツムリ、ツノダセヤリダセメダマダセと、口遊《くちずさ》んだのも忘れられない。タニシもカタツムリも、絶滅危惧種となっているという。

今夏、飯田市美術博物館でカタツムリの展示会があったのを見損なって心残りだったのだが、地域誌『伊那』9月号に出展者飯島国昭さんによるリポート「カタツムリを集めて約50年」が掲載されているのが目に入り、楽しく読ませてもらった。

昆虫好きの飯島さんが初任地の根羽小学校で、水田にヘリコプターが白い粉薬を散布する光景を目にして危機感を抱いた。ちょうどその頃、参観に来た大先輩を案内する途中、杉の朽ち葉の中から米粒より小さな白いものを拾いあげカタツムリの一種だと教えられ、根羽村でのカタツムリ集めが始まった。

やがて50CCのバイクで土日や長い休みなど、行動範囲は40キロ、50キロと延び、転勤もあって長野県全体へ広がって約半世紀。野宿して幽霊と恐れられ、雑木林の中で行き倒れと疑われ、朝鮮ニンジン畑で泥棒と誤解され、ある時は聾唖《ろうあ》者を友とし、県境のお宮で寝袋に入った若者と一夜を過ごしたこともあった。

かくして県内地図には１４００カ所の調査地点が打たれ、１３０種をこえるカタツムリが県内に生息すること、県南にはミスジマイマイが多く、樹上を好み、県北ではヒダリマキマイマイが多数派で地上生息ともわかってきたという。

飯島報告を読みながら、明治の頃リヤカーで県内を回り鉱物標本を作った保科五無斎《ごむさい》のような、一芸に卓越した教師群がいたことを思いおこし、カタツムリ半世紀の努力に声援を送らずにいられなくなってきた。

（２０１３年10月17日）

戌の満水を憶う

広辞苑で二百十日をひくと、「立春から数えて210日目、9月1日ころ、ちょうど中稲《なかて》（早稲《わせ》と晩稲《おくて》との中間期に熟す稲）の開花期で、台風襲来の時期にあたるから、農家では厄日《やくび》として警戒する」との説明がある。わたしの幼い頃、この農事暦はみごとに当たって、必ず台風がやってきたものだ。遡《さかのぼ》って1742年「戌《いぬ》の満水」と呼ばれて恐れられた千曲川大洪水も旧暦8月1日、二百十日のなせる業だった。

10月にたて続けに大型台風が来るようになったのは、地球温暖化を示す異変の兆しではないか。10月15日「大型台風接近」という気象庁の発表から、わたしはテレビの予報に注意していたが、26号は和歌山沖を過ぎる頃から速度を速めて東に向かっており、東京直撃というよりも伊豆諸島寄りとなり、大島直撃の可能性が読みとれた。知人がいれば伊豆大島に電話してあげたいと思ったほどだが、深夜に至っても大島に避難命令はなく、8千島民の多くは自宅で寝ている気配なのが悔しかった。

26号台風が2日間伊豆大島に降らせた雨量は824ミリ、16日午前3時三原山山麓の火山灰は元町地区の住宅街に向かって崩落を開始した。町長ら不在の町役場からは遂《つい》に一度も避難警告が発せられぬまま、多くの死者が出る悲劇となった。

伊豆大島の惨状が伝えられる中、戌の満水で千曲川上流域に降った雨は4日4晩続いたとの記録があったのを思い出した。八ケ岳に発した土石流は大石川から上畑村（現南佐久郡佐久穂町）を襲い、浅間山麓の火山灰は中沢川に押し出して小諸城に押し寄せ、烏帽子山、三方ケ峰から起こった土石流が金井村（現東御市）を圧《お》し潰《つぶ》した大音響は上田城下の問屋日記に書きとめられた。

27号、28号と日本列島に向かう秋台風の行方に注目していたい。

（2013年10月24日）

慎重審議、廃案に

東電福島第1原発跡から流れ出てくる汚染水は、わたしの気持ちを滅入《めい》らせる。物理学者のHさんは3・11の直後、地震の衝撃によって原子炉の底がひび割れ、メルトダウンした核物質が地下水を汚染させているとしか考えられないが、誰もそれを確かめることができずにいるのだと、苦渋をこめて語ってくれた。

東京五輪招致の際「状況はコントロールされている」と言い切った安倍首相が、先週の予算委員会では「全体として状況はコントロールされている」と微妙に軌道修正を図る答弁をしていたようにみえた。真実はいったいどうなっているのだろう。

さて10月25日、政府が閣議決定して国会に送った特定秘密保護法案には機密情報を漏らした公務員に最高で懲役10年の刑が科されると記されている。原子炉のメルトダウンを語ってくれたHさんが国家公務員であってみれば、秘密保護法案は無縁な法案とは思えなくなってくる。

ひところ安倍内閣は改憲を声高に掲げたが、憲法とは国民が政府の暴走を戒め縛るためにあるのだとの世論の高まりに、改憲の看板は目立たなくなった。米国の不興もあってのことか。秘密保護法案が国家安全保障会議設置法案とセットになっているのは、米国の思惑に添おうとしてのことのようにもみえてくる。

新聞一面を埋めた法案に目を移すと、公務員のささやかな楽しみである居酒屋にも気楽に足を運べなくなるような文言もあれば、日本国憲法に盛られた人権条項が虫食いにさらされているような場面も思い描かれてくる。全国の公務員や取材記者たちが無気力になっていくことは目に見えてくるような法案だ。
幸いなことに、付託された臨時国会は残り少ない時間のようだ。慎重審議によって廃案になることを心から願わずにいられない。

（2013年10月31日）

読書週間・留萌の実験

8年ほど前のことだが、秋の読書週間向けに「文字・活字文化推進大賞」を設けたいので、手伝ってほしいとの話があった。聞けば、書籍流通の元締め「トーハン」の元社長・故高橋松之助氏の遺《のこ》していかれた同社株を基金として、全国どこかで読書運動をしている人々を表彰しようというのだった。

今年5月こんな深刻な調査が新聞に載った。1999年全国に22296軒の書店があったが、14年の間に8055軒の書店がなくなっており、書店の消えた市もあるという。狭い書庫で本を上げ下げして腰を痛めた経験にてらして、高齢化のため店を閉じる町の本屋さんが多くなったと耳にして、わかるような気がした。

北海道の留萌《るもい》市の人口は約2万4千人、最盛期の6割に減るとともに4軒あった書店が0になったとき、小中9校、高校2校の児童生徒のために「三省堂書店を呼び隊」という80歳の元校長先生夫妻、主婦ら5人が声をあげた。輪は広がり、10日間で2500名の署名が集まり、留萌振興局特命チームも生まれた。

現地の熱意が東京神保町の三省堂にとどき、同書店の留萌出店が実現した段階で、「三省堂書店を呼び隊」は「三省堂書店を応援し隊」と改称し、留萌市、留萌振興局、同市立図書館などの協力もあり店内業務をはじめ、市中心部や市立病院での出張販売などにも「応援し隊」の支援は続いて、3年がたとうとしている。

「子供のために」と強い使命感で始まった活動は、いまやメンバーの生きがいにもなっているようだ。

留萌の「三省堂書店を応援し隊」の第7回高橋松之助記念「文字・活字文化推進大賞」受賞祝賀会の席で留萌を起点として、三省堂書店と北海道との間に新たな包括連携が結ばれたという報告を耳にした。

（2013年11月14日）

秘密保護法案強行採決の意図

衆院国家安全保障特別委員会が11月25日福島市で開いた地方公聴会で与党推薦の陳述者も含め、全員が特定秘密保護法案に反対する異例の展開になったと新聞各紙は伝えた。

自民推薦の浪江町長の馬場有氏は「原発事故の際、SPEEDI（放射性物質拡散予測システム）の情報が適切に公開されず、避難に生かせなかった。法案は秘密の範囲が非常に広くて明確でない」。

民主推薦の弁護士槙裕康氏は「秘密は拡大の一途を辿《たど》り、修正協議でも問題点は解消されていない」。

維新推薦の名嘉幸照氏「原発労働者は非安全性を家族にも話せず、取り返しのつかぬ事故につながる」。

公明推薦の畠中信義短大特任教授「国民は情報公開されて初めて知識を得て判断することができる」。

共産推薦の荒木貢弁護士「国民を厳罰で萎縮させ、沈黙させる法案は平和主義を損ない、断固反対だ」。

生活推薦の佐藤和良いわき市議「原発の情報が特定秘密として秘匿されると、国民の基本的人権を侵す結果を生む」。

民主推薦の二瓶由美子短大教授「反対多数を押して採決すれば民主主義が揺らぐ」。

翌11月26日の衆議院において、右に述べられた福島公聴会での県民代表の発言は顧みられることなく、特定秘密保護法案が強行可決されるのを目にしながら、わたしは1年前の衆院選、今年夏の参院選において、「ねじれを解いて決められる政治を！」とのかけ声で自民・公明の与党が大勝したことの結果を見せつけられていたのであった。

3・11の試練を経た福島公聴会の陳述者たちの発言はすべてまっとうであった。国民の基本的人権の侵害といい、民主主義のゆらぎといい、特定秘密保護法案の強行採決には憲法を蝕《むし》ばむ意図が仕込まれている。

（2013年11月28日）

第六章

深まり広がる格差社会で

〈2014年〉

長州首相あれこれ

江戸木挽《こびき》町の佐久間象山の塾に俊秀が集ったなか、長州出身の吉田寅次郎（後の松陰）は蟹文字《かにもじ》（和蘭文典）と詳証術（数学）を勉強しないと象山師匠はよくこぼした。ペリーの艦隊が下田に立ち寄ると耳にした象山が寅次郎に密航を勧めたのは、否応《いやおう》なしに外国語漬けになり、航海術も習得し、国際人となって帰ってくるに違いないと思ったからだ。

だが、下田での吉田寅次郎は寒さにこごえ、オランダ語ひとつ口をついて出てこないまま密航に失敗。このことを心の傷として、短い余生を松下村塾で過ごす。当時の吉田松陰の書き残した文章には、朝鮮満州、カムチャツカ、ルソンなどを征服すると威勢のいい地名が並ぶのだが、松下村塾で何が語られたのか。塾生山県有朋の言葉に「朝鮮はわが生命線」があるのを思うと見当がつく。

初代総理伊藤博文の４期を最多に山県有朋、桂太郎、寺内正毅、田中義一と長州政治家の内閣は長く、山県有朋死去の報に石橋湛山の東洋経済新報は「死も又《また》意義ある社会奉仕」と痛言を放った。松下村塾で吉田松陰から山県有朋が伝授されたのが大日本主義であったとすれば、大正デモクラシーの街頭で「一切を棄《す》つる覚悟」を叫んだ石橋湛山の小国主義は対極にあったといってよい。

戦後日本の政界にも、長州派の首相は岸信介、佐藤栄作、安倍晋三と3人が並び、佐藤内閣にいたっては7年8カ月という連続不倒距離を記録しているが、民衆から惜しまれる形で退いていった長州首相は見当たらない。明治の哲学者中江兆民は『一年有半《いちねんゆうはん》』の中で伊藤博文を「宰相者の資に非《あら》ず」と断じ、内閣書記官長ならば適任だったと語った。

年末就任1年で靖国神社に出かけた安倍首相が「国のリーダーとして手を合わせた」と言ったのを見て、ああやっぱり長州かと思った。

（2014年1月9日）

筑摩書房の船出

筑摩書房の代表取締役を15年前に退いた相原成光さんから、『友　臼井吉見と古田晁《あきら》と』と題する考証のゆきとどいた新著が届き、わが新春の〝読初《よみぞめ》〟となった。

現安曇野市堀金に生まれた臼井吉見と現塩尻市北小野に生まれた古田晁とは、白樺教育の色濃い小学校を卒《お》え、県立松本中学で2人は結ばれる。後に演劇人となる松本克平が同級生で、2人の横顔が描き残されている。臼井は2年で早くも本格的に文学に目覚め、菊池寛、谷崎、正宗白鳥などの短篇の載る『中央公論』を下宿で読んでいた。優等生で副級長ながら、3年では校友会雑誌の編集委員となり、詩や小説を書き、5年の時、「ある山小屋の出来事」と題する姦通《かんつう》小説を発表して顧問教員の度肝を抜いた。

冬季汽車通学が不可能なため、臼井は遠縁の家に古田と共に下宿したが、2年のころから古田は雨後の筍《たけのこ》の如《ごと》く背が伸び始め、遂《つい》には組1番の背高ノッポで怪傑サムソンを連想させたが、柔道はからきし弱く、〝古田の雑巾踊り〟の名が付いた。

松中卒業と同時に臼井は旧制松本高校に進んだが、古田は、渡米して日光商会の経営に成功していた父三四郎が東京高商受験を望んでいたことから、1浪して翌年松高に入り、2人の下宿住まいが再開された。このころ臼井が古田に出版経営を示唆したことは想像できる。

東大倫理を出た古田が6年間妻同伴でロスの父の許《もと》で働いた後帰国、銀座日光商会ビルに掛けられようとした看板は「千曲書房」になりかけたが、臼井夫人の知恵で、古田の郷里筑摩地村の「筑摩書房」に置き替えられ、臼井の企画で、当局の注意人物『中野重治随筆抄』、小説の神様宇野浩二『文芸三昧《ざんまい》』、その宇野の推薦で中村光夫『フロオベルとモウパッサン』３点で船出となった。

（２０１４年１月16日）

異色の記録映画『シロウオ』

３年前の３月11日、東京電力の福島第１原発の大事故で、東京の住民の多くは日常生活が原発によって支えられていることを実感させられたといえる。わが住居に隣接する東京都小金井市の市民矢間秀次郎さんによって長編ドキュメンタリー映画『シロウオ―原発立地を断念させた町』が製作されたのも、３・11の福島があったからに違いない。シロウオは豊かさを象徴する魚。

このドキュメンタリー映画には、紀伊水道を挟む徳島県阿南市椿町の「蒲生田原発」と和歌山県日高町の「日高原発」という二つの原発計画を断念させた40年近い過去の体験が描き出されていて興味深い。

「電力会社や政治家の人に、電力が必要で安全であれば、東京とか大阪とかに原発つく

らんのですか？　と質問したら、何も返事が返ってきませんでした」（椿泊の一漁師）

紀伊水道の先に広がる豊かな漁場を先祖が残してくれ、それを将来子や孫に伝えると漁民たちは語る。漁民と深く交わった京大原子炉実験所の小出裕章助教によれば、当時の住民は賛成派も反対派も、みんな原発が危険であることはわかっていた。原発がなくても生きていける自信のある人々が反対できたと見る。

温排水が流されたら漁ができなくなる。自然豊かな町を残したかっただけ。原発推進派と反対派で、祭りすらできなくなってしまう。子供や孫がいつでも帰ってこれる故郷を原発で汚されたくはない。これが彼ら彼女らの常識というものだった。

このドキュメンタリー映画から、全国に原発をつくらせなかった34の地点があり、逆に原発の多くが福井、島根、福島などに集中的に偏在することとなった意外な事実も描き出される結果となった。

映画『シロウオ』はまもなく長野、飯山などにも回っていくそうだ。

（2014年1月30日）

柳瀬正夢45年の軌跡

柳瀬正夢《まさむ》は1900年正月6日、正岡子規と同郷の松山に生まれた。正六と名づけられたのを嫌って後に正夢と改めた彼の歳《とし》は20世紀と同じ刻みだった。15歳で第2回院展に「河と降る光と」で入選した。その絵を観《み》た批評家の小宮豊隆は、

――ここには確《しっ》かりした物の攫《つか》み方がある。鮮やかな色の使い方がある。……この作者は、色彩を分析する感覚と色彩を綜合《そうごう》する感覚とを、かなり多量に賦与《ふよ》されている人のように見える――

と、天才少年の誕生を喜んだ。だが少年は小宮の期待に応えず、生活の糧に似顔絵を新聞に描いて有島武郎を感心させ、『種蒔《ま》く人』の同人に加わり、詩も書いた。創刊号の装丁で評判をとり装丁家として若い作家たちから感謝され、無産運動に突入、小林多喜二と前後して逮捕。妻の重病を憂えた友人らの陳情で、仮保釈となった彼の頭が白髪に変わっているのに友らは愕然《がくぜん》とした。

妻亡き後、2人の娘を養うため風景画を描くべく蓼科《たてしな》に出かけた彼は蓼科《りょうか》の俳号で千句

に近い句を小宮に送って批評を請うた中に、

真底より凍《い》てつく峠黒き富士

の一句があって小宮を驚かす。三鷹の家に戻ると、炬燵《こたつ》に入って句をひねる父親を、2人の娘は「父は非国民になってしまった」と陰で嘆き合ったと伝えられている。自宅に近い中島飛行機工場に米軍機の爆撃が始まっていたころだ。娘たちの疎開先を八ケ岳山麓に求めるため、45年5月25日、柳瀬正夢は新宿駅で中央線の夜行列車を待つ列の中にいて爆死と、往年のマルチ芸術家柳瀬正夢の不幸を、タブロイド判となった朝日新聞が伝えた。

昨年末、京都の三人社から『柳瀬正夢全集第1巻』が送られてきた。新年早々「柳瀬正夢展」の案内もきた。復活した柳瀬は114歳。

（2014年2月6日）

続・柳瀬正夢45年の軌跡

柳瀬正夢《まさむ》は少年期を門司（現北九州市）で過ごした。西の玄関口といわれたこの港町には明治以来、西欧の文物がスエズを通じて運ばれてきたたし、コロンビアの珈琲《コーヒー》を飲ませる店もあった。市制50周年を記念して昨年末から1カ月半開かれた柳瀬正夢展は大反響をよんだ。45年という短い生涯の中で絵画のみならず漫画、装丁、舞台美術、写真、俳句など、めまぐるしいほどの変転を遂げたその全貌。代表作の絵画作品や関連資料約650点がそっくり、神奈川県立近代美術館に移動してくるときいて、わたしの胸は躍った。

関東平野が豪雪に埋もれた2月11日の初日、風邪の治りかけたわたしは家人の車で三浦半島葉山に出かけていった。海から吹きつける烈風は白亜の美術館を冷凍庫にでもしてしまいそうだったが、館内には不思議な熱気があった。柳瀬正夢の短い生涯の代表作が、全展示室を三つの章に時代区分して並べられた。

第1章　1900～23年　少年時代を門司で過ごした柳瀬は、14年に最初の上京を果たし、未来派、マヴォといったグループに参加し、最先端の芸術思潮を次々と吸収しながら、多彩な才能を開花させていく。

第2章　23～32年　23年9月1日の関東大震災は彼の画業に決定的な影響を与え、彼は次第に絵画から離れ、時局を巧みに風刺した漫画やポスターなどグラフィックの世界に活躍の場を移していく。

第3章　32～45年　32年、柳瀬はプロレタリア運動に深く関わって逮捕され、活動を厳しく制限される。妻の死など苦境をへて再び絵画を描き始めた彼は、日本各地や中国大陸を旅し、俳句や写真に取り組んだ。新たな展開が期待された矢先、45年5月の空襲で命を落とす。

没後69年。一堂に集められた労作は美術愛好家必見の個展となった。

（2014年2月13日）

若草山が危うい

奈良といえば若草山。春をよぶ若草山の山焼き、桜らんまんに次いで若草が全山をおおい、鹿が若草を食《は》み、子どもの遠足の声が弾み、家族の笑い声が広がる。しかも、この地は奈良の世界文化遺産・文化的景観の最も象徴的な場所。

小・中・高校の修学旅行で、日本人の多くがなじんだその若草山になんとモノレールが敷かれようとしているという県の計画が新聞にすっぱ抜かれて、昨秋古都は不安におちこんだのだという。平安期の841年、狩猟と伐採が禁止されて以来、世界遺産春日大社と一体となっての神山として守られてきた歴史に鑑み、奈良県知事が若草山にモノレールを敷く計画をたてているのは、次のような理由による。

奈良県は国内屈指の観光地ながら京・大阪に隣接しているため、延べ宿泊客は一昨年2 3万人で全国ワースト2位。若草山の賑《にぎわ》いは1 9 8 4年の46万人がピークで、一昨年は11万人に落ちこんだ。モノレールを若草山の一重目《いちじゅうめ》と呼ばれる中腹まで麓から延ばせば、片道20分。老人、足の不自由な人、婦人客に喜ばれて若草山を含む奈良公園の集客は1 8 0 0万人と現在の1・4倍を見込むことができる、というのだ。

通称三笠山と呼ばれる若草山は近くの御蓋《みかさ》山、春日山とともにならぶ幼年期トロイデ（鐘状火山）で、標高3 4 2メートルの山体は、往古3回にわたって噴出した溶岩が御供え餅のように三重に重なった上に、緑のフェルトを敷いたように若草におおわれている。緑の芝草に鹿の群れは似合っているが、鉄のモノレールは世界のもの笑いにしかならないだろう。

乳牛を飼おうという「牧場計画」や「エレベータープラン」など若草山でひと儲《もう》けしようと浮かんだ計画を、一つひとつ潰《つぶ》してきた先人たちの努力を思い起こすときだろう。


（2 0 1 4年2月27日）

深まり広がる格差社会で

時代の変容をくっきりと浮かび上がらせる犯罪がある。大手食品会社の群馬県にある子会社が製造した冷凍食品から農薬が検出された事件で、1カ月近い捜査の末、契約社員の阿部利樹容疑者（49）が逮捕され、その後起訴された。

報道によると、県警の調べに対し「お客様や従業員、家族に大変な迷惑をかけて本当に申し訳なかった」と阿部容疑者は話しているという。「こんなことになるとは思わなかった」と洩《も》らしたところからみて、思慮深くはなかったと思われる。

一方同僚の証言では、2年前業績評価制度が導入された後に手当が減額され、彼は「こんなクソ会社どうなってもいい」とロッカールームで怒鳴り、「こんな給料じゃやっていけない」と上司にくってかかる場面もあったという。妻と子供を抱えて懸命かつ率直な人物の横顔が浮かんでくる。

阿部容疑者を犯罪に踏みきらせた梃子《てこ》は契約社員という名の非正規雇用制度の深化にあったことが、関連記事から浮き彫りになってくる。

総務省の昨年の調べによると、非正規で働く人の数は１９０６万人。10年前より４００万人増え、雇用者に占める割合は36・６％に達した。厚労省調べで、非正規の月額賃金は19万５３００円で正社員より12万円少ない。国の調査結果を連合が分析したところ、非正規社員の時給平均は、30代前半までごく緩やかに上昇、１２５０円近くで頭打ちとなり40代から徐々に下がる。50代前半の約２４００円まで右肩上がりの正社員とは雲泥《うんでい》の差となってしまう。

こう見てくると「容疑者の不満はわかる面はある。でも会社には言えない。半年毎《ごと》の契約更新の身。〝紙一枚〟で決まるからね」と呟《つぶや》く、阿部容疑者に心寄せるように柱を蹴る年配契約社員がいて不思議はない。

（２０１４年3月13日）

国宝2体と尖石

１９８６年茅野市米沢の棚畑遺跡から出土した「縄文のビーナス」は約５千～４千年前の縄文中期の作と見られ、高さ27センチ、重さ２・14キロ。今から14年前の夏、茅野市湖東《こひがし》の中ッ原《なかっぱら》遺跡で発見された「仮面の女神」は高さ34センチ、重さ2・7キロで約4千年前、縄文後期前半の作と推定されると、信濃毎日新聞解説にある。

素朴な肉体美のビーナスがお姉さんとすれば、素顔をかくしたシャイな「仮面の女神」は妹にあたると見える。仮面の奥にかくれた神秘性、上半身に刻まれた繊細な紋様、頑固に踏んばる四肢など複雑な構造の解釈に手間どったためか、発見から14年をへてようやく「縄文時代の土偶造形の頂点に位置付けられる」との高い評価によって国の文化審議会は「国宝に指定するよう」文部科学大臣に答申したと伝えられた。

「仮面の女神」が発見されたころたまたま茅野にいたわたしは、発掘作業が一段落した中ッ原遺跡で、市民を対象にした発掘模様の説明会に参加する機会があった。その日、大人の背丈ほども掘り起こされた赤土の底に無造作に「仮面の女神」は横たわっていた。4千年にわたって地下深く眠っていた「仮面の女神」に体現されている縄文人の底知れぬ造形力にわたしは身震いを覚えた。

以来「仮面の女神」は姉さん格の「縄文のビーナス」と並んで尖石《とがりいし》縄文考古館に収蔵され、何度となく足を運ぶうち、幹線道路を隔てた崖下に立つ遺跡尖石の名が気になりだした。八ケ岳から運ばれた黒曜石を磨いて矢尻や刃物を作って滑らかな窪《くぼ》みのできた尖石。

大陸から輸入された漢字が当てられたものの「とがりいし」は神聖な場所を示す縄文言葉と読み解けたのは、ある夜明け朝日を背に黒々とした八ケ岳の主峰赤岳が巨大なとがりいしとわたしの眼《め》に映った時だった。

（2014年3月27日）

「白内障手術」縁起

人間の眼《め》は社会に向けて開かれた窓。人間が体の外から受ける情報の80％以上が眼から入ってくるといわれているが、ガラス玉のような眼球の重量はわずか7グラム前後だと聞かされて、おどろいた。

わたしはもの心ついて80年、たった7グラムしかない2個のガラス玉のような眼球の日夜わかたぬ活動に助けられて生きてきたわけだ。日夜わかたぬというのは、夜寝ていながら見る夢にも多くの人や風景や過去のできごとなどが出てくるのをみれば、眼球だには眠っていないのではなかろうか。

ある日かかりつけの眼科の女医さんから、両眼の水晶体に濁りがかかってきているが、とくに左眼の濁りが大きいと診断されてぎくりとさせられた。新聞を読んだり、読書をしていると、字がかすむ。左眼のまぶたが自然に閉じてしまうのに気づいていたからだ。

「80歳を過ぎた方の大多数が加齢性白内障になってますが、眼の病気というよりも頭髪の白髪のようなもので、気にする必要ありません。超音波で水晶体を砕く方法が開発され眼内レンズが改良され、年間100万件以上の手術が行われています」

と慰められ励まされた末、最寄りの総合病院に手術手配までしてもらうこととなった。じっさい手術は局所麻酔を打たれたのが痛いだけで、30分ほどで済み、入院2泊3日で退院したときの外界の変化は、ローカル線から突然新幹線に乗り換わっていたほどだ。

だが、術後の注意点は厳しく、医師に許可されるまで1週間は洗顔・入浴・洗髪不可。眼をこすったり押したりしない。渡された点眼薬3種を朝昼夕と就寝前の4回、2カ月間欠かしてはならない。30分ながら細密な手術が顕微鏡下で行われたのは驚異的なことだ。

(2014年4月17日)

ゴドーを待ちながら

「レーゼドラマ」というドイツ語がある。ドイツ語の辞書には「劇の形式に従ってはいるが、上演には不適当でむしろ読むための戯曲」という訳がついている。

劇団民芸の北林谷栄《たにえ》さんからこのことばを教えられたのは40年以上も前のこと。わたしが秩父事件を調べているころで、この事件を素材にしてレーゼドラマにしなさいよと勧められ、彼女を案内して秩父の奥までたどったりした。その後、北林さんが病いで倒れ亡くなってしまわれたのを思い返すと、胸が疼《うず》く。

サミュエル・ベケット（1906〜89年）という愛蘭土《あいるらんど》生まれの劇作家がいる。ダブリンのトリニティ・カレッジを首席で卒業し、パリ高等師範で英語を教えながらナチス占領下レジスタンス運動をしていた彼が、52年に書いた「ゴドーを待ちながら」という戯曲の主要登場人物はエストラゴン（ゴゴ）とヴラジーミル（ディディ）の2人。田舎道の1本の木の下で夕暮れ時、ゴゴが道端に座って靴の片方を懸命に脱ごうとしているところにディディが登場し、2人の会話が延々と続く。

他に3人ほどの脇役も登場して会話が複雑にからまる中、ゴゴとディディはゴドーという人物が来るのを待っているのだが、ゴドーは姿を見せない。緊張のうちに夜は更け、1人の少年が「ゴドーさんは今夜は来られなくなった」と伝言をもってくる。第1幕は終わり、翌日の夜へ。

第2幕も同じ場所で同じ登場人物がゴドーを待つ。ゴドーとはいったい何者か、観客は不条理と無気味さに包まれていく。ゴドーはゴッド（神）ではなく、再び戦争がやってくるのか。不安な夜が更けていく中で、2人はひたすらゴドーを待ち続ける。「ゴドーを待ちながら」は滅多《めった》に上演されないが、69年ベケットにノーベル賞がおりた。

（2014年4月24日）

2つの憲法世論調査から

戦争放棄を定めた憲法9条をノーベル平和賞に推薦した「『憲法9条にノーベル平和賞を』実行委員会」にあてて、ノルウェーのノーベル賞委員会から4月9日「候補に登録された」とのメールが届いたそうだ。

さて、手元に憲法に関する二つの世論調査のデータがある。その一つは、安倍晋三首相が意欲を示す集団的自衛権行使容認に向けた憲法解釈見直しについて、長野県世論調査協会が県民を対象に行った調査（信毎3月4日参照）。県民の回答は、反対が68・3％に対し、賛成は31・3％と、反対が賛成を大きく上回った。70％近い比率で憲法は県民によって支持され、憲法を内側から自壊させようとする集団的自衛権は否定されたとみてよいだろう。

もう一つは、朝日新聞が4月7日見開き2面を用いて掲載した「憲法世論調査」。憲法9条は「変えない方がよい」64％が、「変える方がよい」29％を大きく引き離し、長野県民調査とかなり近いパーセンテージで9条が支持された。男女とも昨年より「変えない」が増え、20～60代女性で「変えない」が70％を超える変化を示している。

集団的自衛権についての安倍政権の前のめりの姿勢は、東アジアの平和と安定にとって「マイナス」だとの声が20～60代女性の70％に近いことなど、全国を対象とした調査の結果として意味深く思われた。

「戦争で得たものは憲法だけだ」とは、城山三郎さんの遺《のこ》した名言と伝えられている。わたしも、憲法前文と第9条を杖《つえ》とも頼んで戦後を生きてきたが、無謀な政府のもとで背伸びして隣国を侵略し、アジア太平洋地域で2千万人以上、自国で310万人ともいわれる人命を奪った十五年戦争の傷は容易に消えない。5月3日の憲法記念日を今年で終わらせるわけにはいかない。

（2014年5月1日）

次は狭山事件だ

国際人権団体アムネスティ・インターナショナルは今月、拷問禁止条約の採択から約30年が経過したにもかかわらず、締約した155カ国のうち日本を含め過半数の79カ国で依然、拷問や不当拘束が続いているとの調査結果を発表した。この3月静岡地裁の再審開始決定で48年ぶりに釈放された袴田巖さんの事件にも言及し、「死刑囚を残酷な形で何十年も隔離している」と批判した。だが、袴田事件より3年も前に起こって未《いま》だ決着をみていない狭山事件、石川一雄さんの例が残されている。

51年前の1963年5月1日、埼玉県狭山市で女子高校生が行方不明になり、身代金20万円要求の脅迫状が届くという事件が起きた。40人もの警官の張り込む中、身代金を取りに現れた犯人を取り逃がし、この大失敗への非難が警察に集中し、捜査当局のあせりを誘ったのであろう。

行き詰まった捜査当局は見込み捜査を付近の被差別部落に向け、同年5月23日、何の証拠もない石川さん（当時24歳）を別件逮捕。1カ月にわたる留置場での取り調べで自白を強要、起訴した―と弁護側はみる。

ランニングシャツ1枚のまま手錠をはめられ拘引されていく石川青年の表情に、暗い影は感じられない。犯罪の行われた5月1日の同時刻に犯行現場の雑木林に隣接する畑で農作業をしていたO氏は悲鳴も聞かず人影も認めなかったという。被告の書いた上申書と犯人の脅迫状は筆跡から明らかに別人のものだ。

地域住民の差別意識、警察発表に誘導されたマスコミ報道の中で、一審死刑、二審無期判決、77年無期懲役が確定した。31年7カ月の獄中生活のあと、仮出獄。この5月1日で事件以来51年、再審を求める石川一雄さんは75歳となる今も、無罪を訴え続けている。袴田事件の次は狭山事件だ。

（2014年5月22日）

生きていた司法

福井県大飯《おおい》郡おおい町は、小説家水上勉さんの故郷である。遠く若狭湾が広がり、ふり返れば飯盛山がそびえ、風光明媚《めいび》の地と思えたが、谷あいの町は眼前の小浜湾にすとんと落ちたような地形で、田畑らしきものは見えない。「貧しさゆえ仕方なく原発を誘致したのだが、地震が起きたらどうするつもりだ」と生前水上さんが呟《つぶや》くのをわたしは幾度か耳にしている。敗戦からまもない１９４８年６月、３７６９人の犠牲者を出した福井大地震が彼の脳裏に刻まれていたのであろう。

福井に代わって３年前の３月11日、原発銀座の福島東京電力が地震津波の犠牲になったとき、日本人はあらためて原発の恐怖を肌で感じたのではなかったろうか。

水上さんを切歯扼腕《せっしやくわん》させた如《ごと》く、これまでの原発訴訟は「手続き上適法」として住民らの訴えを退けてきた。だが、福井県の住民らが関西電力を相手に大飯原発３、４号機の運転差し止めを求めた訴訟で福井地裁（樋口英明裁判長）は５月21日、地震対策に「構造的欠陥がある」として現在定期検査中の２基の再稼働を認めない判決を言い渡した。

最高裁が福島事故の翌年1月、原発訴訟をテーマに各地の裁判官を集めて開いた特別研究会で、原発の安全性をより本格的に審査しようとの改革論が相次いで出されていた。今回の判決では大飯原発の運転の是非にとどまらず、地震国で原発を持つことができるのかという根源的な問いかけがなされたといえるだろう。

「大飯原発再稼働認めず」と白抜きで始まる本紙の見出しは「司法を甘く見るな」などと続く。だが、安倍政権は再稼働の姿勢を崩さず、判決後、原発利用に積極的とされる学者を原子力規制委に登用する人事案を国会に示した。明らかに司法を甘くみている。

（2014年5月29日）

特異な年代記「考」より

朝日新聞論説主幹、代表取締役専務・編集担当を終えた中馬清福さんが、信濃毎日新聞主筆に迎えられたのは2005年2月のこと。4月に早速、信毎1面に大型コラム「考」が設けられ、月2回中馬さんの異色の論説が載り、わたしも読者の一人となった。

その「考」が9年間224回続いて、この3月で中馬さんが筆を擱《お》かれたときいて、光陰矢の如《ごと》しと思った。信州各地で読書会が開かれるほど愛読され、コートのポッケに入る新書版4冊になった「考」は、わが書棚にも並んでいる。あらためてページをめくって驚いたことがある。

9年間の「考」に登場する首相は小泉、安倍、福田、麻生、鳩山、菅、野田、帰り新参の安倍（敬称略）と、のべ8人が登場し、その任期を頭割りにすると1人が1年1カ月半ということになる。いかに政治が安定を欠き、人心が不安におののく中で、「考」は書き続けられたか。きわめて特異な時代の年代記として記憶されることになるだろう。

海千山千の小泉首相の任期はすでに5年を超えていたから、「考」の筆者にとって安倍首相こそ新顔だった。「こんな首相選びでいいか」と辛口の見出しで始まり、「戦後生まれが戦後日本の秩序に挑む初の政権」とその危なっかしさを伝えた。第1次安倍内閣は小泉内閣の遺産である教育基本法改正案と防衛庁「省」昇格法案を通しただけ。参院選を前に敗色濃厚の安倍首相を、「死んだふりはあくまで死んだふりである。いずれむくりと起き上がる、ということだけは頭に入れておいたほうがいい」と「考」は見た。

この予言は5年かけて現実のものとなり、「考」は再び憲法問題を掲げて第2次安倍内閣の前に立ちはだかった。「考4」には読書会へのヒントが満載されている。

震度8の亀裂に胸は震えた

（2014年6月5日）

昨年7月、麻生太郎副総理の「改憲絡みのナチス発言」が政界を騒がせた。その要旨を当時の新聞から拾うと、「ワイマール憲法という最も進んだ憲法の下、ヒトラーは選挙で選ばれ、議会で多数派を握った。〝静かにやろうや〟と、誰も気がつかぬまにワイマール憲法に代わるものができていた。あの手口を学んだらどうか」というのだった。

安倍政権の歴史修正主義や閣僚の多くが靖国参拝組であることなどが注目されてもいた折、麻生発言は国際的ニュースとなり、中韓両国の外務省が反発。翌日米国のユダヤ系人権擁護団体の非難声明が致命的となって菅義偉官房長官が電話で麻生氏に撤回を求め、事件は落着したが、本来は副総理の辞任を迫るべきだった。この舌禍事件はその後の憲法問題に暗い影を残した。

昭和の十五年戦争、戦後の貧乏物語も知らぬ初の戦後生まれの首相にとって、十五年戦争のおぞましさが想像外のことだったのは重要だ。昨年12月、政権成立1周年を記念して、安倍首相が靖国神社に詣でたとき、集団的自衛権行使問題の成功も祈願したろうが、超右翼のレッテルも付いた。前のめりへの批判を古賀誠、野中広務氏ら先輩が寄せたが、自民党の派閥は解消し、党内に批判の声はなかった。

首相の私的諮問機関・安保法制懇はお友達が多く、憲法学者は寥々《りょうりょう》。長文の報告書に「法秩序壊す」との批判が強まる中、「国民の声を聞く」という一番大切な部分が欠落しているという与党公明党からの指摘に1カ月近い時間をとられた。

7月1日「集団的自衛権きょう閣議決定」「武力行使歯止めに懸念」との本紙1面見出しに目をやった瞬間、麻生舌禍から1年、この国の精神的原野に震度・8の亀裂が走り抜けるのを見て、私の胸は震えた。

（2014年7月3日）

みつばちの大地

映画『みつばちの大地』から知らないことをいろいろ教えられた。地球上に人類が生まれるより300万年前にみつばちは生まれて地球上の花から蜜と花粉を支給され、花々の結実を助けて回り、人類の誕生に備えて葉菜、根菜、果菜類を育てていてくれたのである。

コスモスを発見した働きばち（外勤）は花に体を近寄せ蜜や花粉を採集し、花の雄蕊《おしべ》が雌蕊《めしべ》につき結実する時、みつばちとコスモスは切っても切れない関係を結ぶ。巣に帰った働きばちの後ろ脚には丸い花粉団子をつけており、巣の中で幼虫を養う王乳（ロイヤルゼリー）の原料となる。巣に戻った働きばちは体や翅《はね》を震わせ、みごとなダンスをする。踊りは仲間に花のありかを伝える言葉だとみなされている。

昨日、夜店でおいしそうな桜ん坊を買ってきて食べながら、この紅《あか》い実はみつばちの介添えで生まれたのだとあらためて実感しながら、「この世界の作物の3分の1はみつばちに依存している」という映画のナレーションを思い起こしていた。いつごろからか桜ん坊は岩手県北部で盛んになったようだが、開花期にあわせて菜の花が開花するように植えられて、みつばちを招く苦心が施されているという。

『みつばちの大地』を撮ったイムホーフ監督は、世界中でみつばちが大量死したり、失踪している事実を知り原因を求めて旅に出た。全米を農園から農園へと長距離輸送されていくみつばちを追いかけ、豪州では女王蜂を育て世界中へ発送している一家に会う。中国では文化大革命でみつばちを退治したため、花の受粉を人間の手で行っている姿をとらえ…。旅の最後、太平洋に浮かぶ孤島に人工交配させたみつばちを放っている。この程よい広さの島は、ノアの方舟《はこぶね》になるのだろうか。

（２０１４年７月10日）

基地の島、沖縄

１９４５年４月１日、米軍は沖縄に上陸し、２カ月余の激戦で６月23日沖縄守備軍は全滅、戦死９万人、一般国民10万人が犠牲となった。国内で唯一の地上戦の場となった沖縄は米施政権下におかれ、日本全国に及んだ米軍基地の74％が沖縄本島に集中する結果となった。

イタリア、ドイツにも米軍基地はおかれたが、駐留軍の好き勝手は許されていないと聞く。日本政府が米軍の自由使用を認めたため、沖縄はいつも独りで世界最強の軍隊と向き合わねばならなかった。日本政府は沖縄を背後にかくまうのではなく、米国を背にして沖縄に向かってくる。向きが逆だった。

歴史の中で沖縄が琉球といわれていた時代、琉球王国はアジア諸国と広く交易し、そのため外交に深く留意する国柄であった。しかるに、米施政権下におかれて以来、朝鮮戦争、ベトナム戦争、湾岸戦争、イラク戦争と、米軍は沖縄基地から出撃しているのを、沖縄の人びとはうしろめたい気持ちで眺めているほかなかったであろう。

45年の敗戦から2年後、日本は前文と第9条で不戦を誓った憲法を持ち、米施政権下におかれた沖縄の人びとは、日本国憲法を共有したいと望んでいたが、52年4月28日に発効した対日平和条約から沖縄は排除され、米施政権下にとめおかれた。多くの米軍基地があるゆえにほかならず、沖縄の本土復帰は72年までお預けとなった。

2年前の9月29日、空飛ぶ棺桶と評判の悪いオスプレイが普天間飛行場に来ると知らされ、最大瞬間風速65メートルの台風が沖縄を襲った夜、普天間基地3カ所のゲートが民衆によって、完全に封鎖された事件があった。不思議なことに、本土のメディアに詳報はなかった。9・29はわたしの誕生日で忘れられない事件。

（2014年7月17日）

ミサゴとオスプレイ

沖縄の普天間基地に新型輸送機MV22オスプレイが配備され、住民を不安に陥れたことを本欄で触れた翌週、「普天間の米軍オスプレイ／佐賀空港へ移転要請／安倍政権」と中央紙が報じて、わたしを驚かせた。

なにも手を打たぬと沖縄で暴動が…とか、沖縄知事選に配慮とか、記事にはさまざまな見方があり、佐賀空港への政府の要請も不透明の域を出ないのかもしれない。

オスプレイと旧来の輸送ヘリの能力比較を見ると、最高時速520キロと270キロ、輸送兵員数24人対12人、貨物9・1トン対2・3トン、空中給油可能と不可能、航続距離3900キロ対700キロ。旧来の輸送ヘリが沖縄から台湾に辛うじて達するのに対して、オスプレイはほぼ東アジア全域・中韓両国がすっぽりとはいってしまい、アジアの緊張を高めるにちがいないと思われた。

オスプレイ（osprey）とはいったい何者か。わたしは英和辞書で「タカの一種ミサゴ」だと初めて知った。ミサゴはワシタカ目《もく》の鳥で大きさはトビに同じ。頭と下面は白色、北半球に広く分布し、日本にも繁殖、海浜に棲《す》むとある。昔、鎌倉の海岸で頭の白い不思議な鳥が海上を飛翔《ひしょう》しているのを見たことがあった。ホバリングしながら、水中に見つけた魚めがけて急降下し、両足の鋭い爪で魚をしっかりとつかまえて岩陰に舞い去っていった。

米国産のオスプレイはヘリコプターと固定翼機の利点を兼ね備えた「夢の飛行機」を目指したが、開発段階から２０１２年まで事故を繰り返し、36人の米兵が死亡した。ヘリとしても固定翼機としても不完全で「未亡人製造機」と酷評された。

鎌倉海岸のミサゴは何万年もの進化の中であの翼と足の爪と嘴《くちばし》を完成させたことを思うと、米国産オスプレイは20年足らずの未完成品だ。

（２０１４年7月31日）

幻想の彼方へ

茅野駅改札口から通路で繋《つな》がれている茅野市美術館で、29歳で早世《そうせい》した茅野生まれの画家矢崎博信《やさきひろのぶ》生誕一〇〇年展を観《み》る幸せに恵まれた。

旧制諏訪中学で画家を志した記念碑的作品「桜の咲く道」が冒頭にあり、やがて帝国美術学校（現武蔵野美大）に進んでシュールレアリスム（超現実主義）の途《みち》をたどる10年の軌跡が、70点の油彩画に塗りこまれているように思えてくる。満州事変を発端として五・一五、二・二六、盧溝橋と、名のつく事件の末に日中戦争へと繋がっていく１９３０年代は、わたしの生まれ育った10年と重なって、キャンバスが既視感（デジャヴ）に彩られてくるようなのだ。

矢崎博信「街角（B）」には街角の舞台で６人の俳優が全員倒れ、劇場の見物席は無数の髑髏《どくろ》で埋め尽くされ、街行く人々は誰もその悲劇に気づいていないらしいのだ。矢崎の所属するアバンギャルド芸術家クラブには特高警察が早くから目を光らしていたにちがいない。

旺盛だった矢崎の制作が39年にわずか1作なのはどうしてか。この年5月、矢崎は25歳で水戸工兵隊に入隊し、満州に送られて1年間を過ごした。翌40年6月21日熊本で召集解除となる。かつての仲間、滝口修造、福沢一郎の両人は41年、治安維持法違反の疑いで世田谷署に留置されたことから、自分は1年満州送りになったのだと自覚したであろう。40年夏、1年ぶりに制作した「時雨と猿」に満州体験を吐き尽くし、制作意欲を回復した。

茅野市美術館「研究紀要」に、所在不明の矢崎作品が多いのも気になるが、43年の秋、矢崎に3度目の召集があったのも不思議だ。応召直前、一水会展に応募した「早春」が入選したのを見ないまま、44年2月17日中部太平洋トラック島沖で戦死との訃報が父親に届けられた。

（2014年8月7日）

八ケ岳山麓の花暦

昔、山小舎《やまごや》の庭、草の中に白髪の小人《こびと》が立っていた。「翁草《おきなぐさ》」の花だと知人に教えられた。30センチほどに伸びた茎上に開いた紅葉色の花は船の碇《いかり》に似た「碇草」だと教えられたのもそのころのことだ。翁草も碇草も数年花をつけて喜ばしてくれたが、まもなく姿が消えた。春の花は遅霜や春の嵐に弱く、絶滅危惧種と気づいたのが遅すぎたのだった。

節黒仙翁《ふしぐろせんのう》は節の部分が黒色を帯びるのでこの名がある。ナデシコ科の多年草で山地の草原に自生すると図鑑にあるが、山小舎の北側出窓の下にいつとはなく自生し、茜色《あかね》5弁の上品な花を1輪つけて長年夏一《いっ》ぱい楽しませてくれた。楚々《そそ》とした美しさがあった。

節黒仙翁と異なり、吾木香《われもこう》は南面の日当たりに細い枝を四方八方に伸ばし、その先端に桑の実に似た暗赤色の花を無数につける。「吾も紅！」と叫んでいるように映るのだが、そこに蝶《ちょう》や蜂が集まってくるのを目にする機会はなかった。

日当たりを好むのは大待宵草も吾木香に劣るところではない。大待宵草がアメリカ大陸から日本に渡来したのは明治初年のこと。かの地で彼女が何と呼ばれていたのか分からないが、彼女は旧暦8月、朝顔に倣って大輪の花を開いて明月を予見してみせた。これで彼女は「大待宵草」の名を獲得したのにちがいない。帰化植物は本能的に入植地の旧慣を見抜く力を持っていたのであろう。

野草にとって秋は最も忙しい季節だ。鳥兜《とりかぶと》は鳳凰《ほうおう》の頭をかたどった紫碧《しへき》色の美しい多くの花々を梢上に開くと共に、根に猛毒を蓄える。一方、彼岸花は田の畦《あぜ》、墓などに自生。秋の彼岸ごろ、30センチ内外の茎を出し、頂端に赤い花が多数開く。花被《かひ》は6片で外側に反り、雌蕊《めしべ》、雄蕊《おしべ》は突出し、翌春すべて枯れ、自然は完結する。

（2014年9月4日）

安曇野に研成義塾を訪ねて

夏の終わり、安曇野の井口喜源治記念館に出かけた。喜源治は明治17年松本中学に入学、米宣教師エルマーに英語を教わりキリスト教に開眼した。明治法律学校を1年でやめ、帰郷して教師になり、まもなく東《ひがし》穂《ほ》高《たか》小学校に転勤、相馬愛蔵らの禁酒会に共鳴し芸妓置屋《げいぎおきや》設置などに反対し、職員室で孤立の末、退職。村内の有力者臼井喜代、相馬安兵衛らの協力を得て村内矢原集会所を仮校舎として研成義塾を創立した。

一、吾《わが》塾は家庭的ならん事を期す
二、吾塾は感化を永遠に期す
三、吾塾は天賦の特性を発達せしめん事を期す
四、吾塾は宗派の如何《いかん》に干渉せず
五、吾塾は新旧思想の調和を期す
六、吾塾は社会との連絡に注意す

教師は彼1人で、代数、幾何、国漢、地歴、公民、鉱物、動物、用器画、図画、珠算、

作文、そして何よりも毎日英語の時間があって、先生の発音はおぼつかないが、米国に行けば2カ月で発音は身に着くと、喜源治は言ってのけた。晴れた日には道話の時間があり、野に出て常念の山を仰ぎながら聖書と祈禱《きとう》、賛美歌の合唱があった。先生は千手観音のように忙しかったが、研成義塾の授業料は雀《すずめ》の涙ほどに安かった。

「功名心を捨て、偉い人よりも良い人になれ」と言うのが喜源治先生の口癖だったが、安曇野の父母たちは明治の末になって、ようやく研成義塾創始者井口喜源治の壮大な構想が分かった。喜源治は、生徒に松本や東京に行くことは奨《すす》めなかった。彼は英語をよく勉強し、キリスト教をしっかりと身につけた男女の卒業生に米国はシアトルに移住することを奨め、かの地に行った教え子たちに毎度懇切な手紙を寄せることを忘れなかった。教え子たちによって昭和44年に設立された記念館には、心をうつ写真が沢山残っている。

（2014年9月11日）

下伊那から満州を考える

1931（昭和6）年9月18日に「満州事変」は始まった。わたしの生まれる11日前のことゆえ、歴史年表で83年前のその日のページを開けると、こう書かれている。

〈9・18　関東軍参謀ら、満州占領を企てて奉天（現瀋陽）郊外柳条湖の満鉄線路を爆破、関東軍司令官本庄繁、これを中国軍の所為《せい》として総攻撃を命令、満州事変始まる〉

首相官邸も陸軍大臣も寝耳に水。十五年戦争の発端ともなった満州事変は関東軍参謀らの手で起こされ、半年後には清の宣統帝だった溥儀を執政として建国、やがて彼は傀儡《かいらい》国家満州国の皇帝に即位、そこまで計画は練られていたのであろう。

だがソ満国境に近い東北部には根強いゲリラの抵抗があって、「満蒙《まんもう》開拓団」が国内農村窮乏の緩和を名目とし、満州国維持の軍事目的を内に秘め、国策として送り出されていく。軍隊経験のある農村青年を対象とし、ゆくゆくは10町歩の地主になれるとの謳《うた》い文句がついたが、現実には肩に銃、手に鍬《くわ》という武装移民なのであった。

信州は全国でもずば抜けて多くの満蒙開拓団、満蒙開拓青少年義勇軍を送り出した歴史がある。下伊那郡も例外でなかったが、歴史体験を21世紀になってなお見つめつづけている地域として注目したい。２００２年に「満蒙開拓を語りつぐ会」が発足して11年間に、聞き書き報告集『下伊那のなかの満州』1から10と別冊記録集1を出して発展的に解散した。そのあとを受け、理念・財産等すべてを継承して「満州移民を考える会」が新しく発足し、今年6月聞き書きと調査研究を謳う『下伊那から満州を考える』第1冊目が発行された。『下伊那のなかの満州』は聞き書き報告に徹したのに対し『下伊那から満州を考える』には、聞き書きに加えて・調査研究が付いた。

（2014年9月18日）

生神様・浜口梧陵

歴史年表を見ると、安政元（1854）年から翌年にかけて日本列島は四つの巨大地震に見舞われている。旧暦11月5日午後4時に起こった南海大地震もその一つ。震源は紀伊半島から四国沖の海溝いわゆる南海トラフ、被害は中部地方から九州に及び、死者は数えきれなかった。

紀州藩広村の長者浜口五兵衛の屋敷は海を見下ろす高台にあり、五兵衛は地震直後、村全体を見渡したが、折しも村人は宵祭りの準備に追われており、海の異変に気づいていない。五兵衛は孫に松明《たいまつ》を持ってこさせ、貴重な年貢の稲むらに火を点《つ》けて回った。火は燃え上り孫は祖父が気がふれたかと泣いた。

丘の上に燃えさかる炎を目にした村人たちは長者の家が火事だと驚いて駈《か》けつけたとき、津波は岸辺に迫っていた。村人は稲むらの火が津波の警鐘と気づき、長者の前にひれ伏し、後に「浜コ大明神」と祭り、深い徳を称《たた》えた。以上は明治29年に発生した三陸津波の報道に触発されてラフカディオ・ハーン（帰化名小泉八雲）の書いた短編「生神様《いきがみさま》」の粗筋だが、三陸田老村《たろうむら》で1867人の犠牲が出たのに比べ、紀州広村399戸のうち犠牲者が36人にとどまったことに目がとまる。

「生神様」には幾つもの後日談がある。長者浜口五兵衛は仮名で、モデルは34歳の青年浜口梧陵《ごりょう》。津波で流されながら陸に漂着し、人々を高台に誘導し、ヤマサ醤油《しょうゆ》第7代当主として、村人の先頭に立ち、600メートルに及ぶ防波堤を安政5年12月に完成させた立役者だったのだそうだ。津波で職を失った老若男女、子供にまで日当を梧陵が出した。予言通り、約百年後の昭和南海地震の津波にも防波堤は生き続けた。

明治4年梧陵は初代駅逓《えきてい》頭（後の郵政大臣）となり、訪米旅行の途中64歳で客死したという。

（2014年10月16日）

「種まく人」の種は蕎麦

最寄りの府中市美術館で10月下旬まで開かれていた「ミレー生誕200年展」を閉幕寸前になって観《み》ることができた。フランスでも19世紀前半、自然派の作品は容易に理解されず、30代の後半まで貧しく、最初の妻は肺を病んで2年で没し、2番目の夫人が3男6女をもうけ、ミレーはせっせと絵を描くほかなかったことが、生誕200年展に雄弁に語られていて興味深かった。

1814年ノルマンディーの小さな農村の農家に生まれながら、夢見る少年の目に農民の姿は映らず、48年二月革命の前後、30代半ばの画家の目にようやく大地に生きる農民の姿が映り、カンバスに投影される。

「犬を抱いた少女」「昼食を運ぶ女」「食事の支度をする若い母親」「洗濯物を干す女」「子供たちに食事を与える女」「バターをかき回す女」……。農村を描くにも女性でなければ絵は売れなかったのか。

「慈愛」「種まく人」「落ち穂拾い」「晩鐘」といった力のこもったミレーの代表作の多く

は多少のゆとりが生まれた時期か晩年に近いころの作品だといえよう。

67年（慶応3年）ナポレオン3世のもとパリ万国博覧会が開かれ、入場者は680万人に及んだ。日本人が主体的に参加した最初の万博で、幕府のほか佐賀藩、薩摩藩が出品した。この万博の一室にはミレーの作品があてられており、日本人の目に印象づけられていたものか、ミレー没後5年で、彼の作品が日本に紹介され、自然主義リアリズムの息吹が東洋に初めてもたらされたのであろう。北村透谷や若き島崎藤村が息吹を感じとっていなかったとは考えられない。

ミレー展には「種まく人」が3点あって、肩に掛けた袋から手掴《づか》みで風を背に撒《ま》いていくのは蕎麦《そば》の種。力あふれる傑作だった。


（2014年11月6日）

大義なき「延命選挙」

11月24日の朝日新聞に載った「衆院選連続世論調査」が興味を引いた。

2005年、09年、12年の3回行われた衆院選に「大いに関心がある」との回答は、05

年が47％、任期通り4年おいて行われた09年はさらに上がって49％、選挙民の2人に1人が「大いに関心をいだいて」投票に出かけた。3年の間をおいて行われた12年の場合はかなり下がって39％と40％を欠いたが、それからわずか2年後の今回、「大いに関心がある」は大幅に急落して21％、公示10日前から関心を払って投票しようと考えている選挙民は5人に1人の割合というのが今回の場合というわけだ。県内有権者対象の本紙の世論調査でも、同様の傾向が出ている。

なぜそうなったのか。本紙によれば、安倍晋三首相は「選挙の大義は解散する首相が決める」と周囲に語り、夏の終わりごろから、追い詰められる前に解散を打つ好機を探ろうと本格検討していたらしい。好機は大義とは異なる。安倍政権の看板政策「アベノミクス」が「上に厚く、下に薄い」との評価がメディアに現れ始めた秋の終わりが限界だったのではないだろうか。

前回選挙から2年、まだ半分の任期を残しての解散にはよほど確実な手応えのある「大義」がなければならなかったはずだ。アベノミクスの恩恵薄い街の主婦層の集まりに出て今回の衆院選の大義とは何かと尋ねたところ、「大義なんて何もない。安倍内閣の延命選挙よ」との答えが返ってきて心強かった。

だが、それにしても安倍内閣の支持率は下がらぬではないかと問うと、即座に「テレビがあんなにしょっちゅう安倍さんを登場させれば、視聴者の頭に野党党首の顔は入っていかないわ。長野の地震の被災地にかけつけた安倍さんの姿をテレビは長いこと映してたものね」。

（２０１４年11月27日）

国策という名の落とし穴

『山本慈昭《じしょう》　望郷の鐘　満蒙開拓団の落日』（山田火砂子監督）という長い題の映画を観《み》た。山本慈昭師は下伊那郡阿智村長岳寺《ちょうがくじ》の住職で、昭和20年5月3カ村の村長らに説得され、１年の約束で開拓団の教員として渡満したが、３カ月で敗戦。ソ連参戦の混乱の中、慈昭師はシベリアに送られ、妻子は行方不明なまま独り長岳寺に帰る。

映画の冒頭「国策を見破ることは容易ではない」との字幕が映し出される。国策で渡満した開拓団は「国に尽くしたことで（中国人に対し）加害者になり、個人としては被害者だった。一人一人が責任を問われることになる」という監督の思いを受けるかのように、帰国した主人公が「国に騙《だま》された自分自身も反省して二度と騙されないようにしよう」と、満州から戻った子供に呼びかける場面がある。

行方不明の開拓団員の名簿を作り残留孤児の帰国援助などに尽力していたころの山本慈昭さんにお会いしたことがある。20歳も年長の慈昭さんが敗戦3カ月前、国策に足をとられ渡満し傷ついた心を抱きながら多面的な活動に専心している姿が時に痛々しく見えたことがある。

山田監督とわたしは敗戦時13歳、国策に嵌《はま》る世代ではなく、勝算なき戦争に押し流されてきた大人たちへのいらだちが強く、二人は映画の中で70年前の昔に立ち戻っていた。

原発再稼働、特定秘密保護法、集団的自衛権の閣議決定、歴史修正主義的風潮などが導火線となって、先行シナリオを押しのけるようにしてこの秋に作られたときく。

「あくまで子供にも分かるようにと思って作りましたので、大人にはちょっと不足、いいえ大変不足と思いますが、一生懸命作りました」

という山田火砂子監督の言葉にわたしは深く肯《うなず》いた。

（2014年12月4日）

戦後70年の元旦に

「大義なき解散」によって、早くも投票日は3日後に迫っている。解散権が首相にあるというのは、報道によれば国際的常道というわけではなく、任期ぎりぎりまで解散を避ける国も少なくないようだ。解散しなくても選挙民の意思が問われる機会はないものだろうか。

今回の場合、任期半分の2年で解散してしまった安倍内閣が2年間に行った主要な施策を、市民の側であらためて点検するというような道があってもいい。アベノミクス三本の矢の行方を経済専門家の手で分析するとか、国民の理解の行きわたっていない特定秘密保護法をあらためて問い直す場を設けるとか、原発再稼働か自然エネルギー利用かを国民投票にかけるといった機会が日頃からあれば、関心も高まり、選挙の時に投票所に向かう人々が多くなるかもしれない。それが慣行となれば、選良選びが多少緊張感をもって行われるようになろう。

さて、あと20日たつと、「戦後70年」というこの国にとって意義深い年のきざみを迎えることとなる。明治という時代は45年、大正から昭和20年までが34年。戦後70年は、この国が1度として戦争にまきこまれず、1人の戦死者も出さなかったという点で、日本史上稀有《けう》な平和の時間であったことを、老いも若きも振り返って話しあってみる必要がありはしないか。

わたしが現在住むのは東京都下、変哲もない住宅地だが、森閑として子供の声がきこえない。50余年前ここに居を定めたころ、道路が子供の遊び場で歓声が絶えなかった。子供たちは成長し、結婚して団地へと移り住み、わたしのような老人ばかりのひっそりとした住宅地となった。

あと20日すると、戦後70年の正月がくる。年賀にあたり、日本の未来を肴《さかな》にして杯を傾けよう。

（2014年12月11日）

中馬清福さんを悼む

中馬清福さんは1935年に鹿児島で生まれた。10歳で敗戦を迎えたことになるが、琉球の人たちの犠牲で自分たちは生き延びられたようなものと、ご本人の口から耳にしたことがある。

信濃毎日新聞社相談役の小坂健介さんの教示によれば、中馬という姓は鹿児島では「ちゅうまん」と発音するが、「ちゅうま」でもかまわないとご本人は気にかけなかった。やはり南国生まれの鷹揚《おうよう》さなのかもしれないが、中馬さんご自身円満で誰からも親しまれながら、11月1日にガンで逝去した。

中馬さんから今年の3月、信毎主筆退任を知らせるタイプ印刷の書簡がとどき、その中に次のような一文がある。

―当地に参りましたときは、まあ3年ぐらいか、と一人勝手に決めていましたが、信州の水が、いや信州人の理想好きが性にあったのか、信毎という職場の居心地がよほどよかったのか、ついうかうかと9年の年月がたってしまいました。―

中馬さんの経歴を拝見すると、１９６０年４月、朝日新聞社に入社してからの40年に比べると、２００５年に請われて信毎主筆に迎えられてからの晩年9年間は、疾走の時代のようにわたしの目には映るものがある。一面の大型コラム「考」が設けられ、月2回、9年間で２２４回、新書版にして４分冊。「考」は県下の主要市町村での読書会で読まれ、東京でも教会で社会問題の研究に使われたとも聞いた。新書版『考』4をわたしが手にしたのは6月のこと。その最終章「市民の道徳をつくれないか」の一文が衝撃だった。―敗戦でこの国は一新した。当然、新憲法に沿う新しい道徳を構築すべきだった。私たちは怠った。―

ものを書くものは、この課題の一端を担わねばならないだろう。

（2014年12月25日）

第七章

向き合うべき過去

〈2015年〉

小海線百歳の物語

昨年末、南佐久郡南牧村から小海線全線開通80周年を記念する立派なカレンダーを贈っていただいた。早速仕事場に掲げ、小海線の成りたちをふり返ってみることにした。

百年前の大正4（1915）年8月8日小諸―中込間を蒸気列車で営業開始した私鉄・佐久鉄道は、創業のころ、太平洋と日本海を結ぶ中部横断鉄道の構想を持っていたらしく、順調に南進して大正8（19）年小海まで開通した。大正11（22）年公布された鉄道敷設法の中に、「長野県小海付近から山梨県小淵沢に至る鉄道」案があったが、第1次大戦後の経済不況という鉄道敷設の天敵が現れ、昭和に入っても恐慌は津波のように押し寄せた。

小海―佐久海ノ口まで13年かかり力尽きた佐久鉄道は国鉄に買収された。小淵沢に向けての南進の道には標高1345メートルという国鉄最高の野辺山高原が待っていた。

昭和10（35）年11月29日、白亜流線形の野辺山駅が開業した朝、待合室に現れたのは冬眠寸前の熊だったという噂《うわさ》が、物心ついたばかりのわたしを脅かし、夜中うなされたのを思い起こす。

小海線全通で、南佐久の町や村が日の丸の旗行列で沸いたのは、20年に及ぶ待ち時間を強いられたからではないか。大正デモクラシーの中で小海線が順調に全通し、文化を運んできたならば、旗行列などせず、当たり前に迎えただろう。

新聞記者の身で小海線全通の旗をふり、代議士にまで当選し運動の先頭に立ちながら全通も見ずに40代で亡くなってしまった篠原和市代議士の6メートルもある顕彰碑が立っていながら、覚えている人は少ない。

信濃川上や野辺山で戦後盛んになったキャベツ・白菜・レタスなどの高原野菜も、小海線百歳の初めに来てよかった野菜かもしれない。

（2015年1月8日）

いのちの籠

『いのちの籠』は昨年98歳で亡くなった中正敏の詩に由来する。

人は水にすぎぬものとしても
水が洩《も》れぬよう

いのちの籠をたんねんに編む

中正敏はこの詩誌の生みの親の一人なのだろう。昨年の暮れ、第28号が届いた。裏表紙に、掲載詩を反戦集会などいろんな集まりで朗読など自由にお使いあれ、とあるので最近号から朗読向きの3編を紹介する。

横田英子「悼みの夏よ」

今年の　盆の風に
伝えなくてはなりません
ながいながいあいだ
ありがとうございました…

これは『いのちの籠』の巻頭を飾る5連の長い詩の最初の連。遠い日2人で歩いた東京の街。戦争を憎んだ人の声が読者にも伝わる。

崔　龍源「意志のバトン」

日本は悲しい国になってしまった
夜半　外にいて見上げると　星々
がまたたいている　戦争で逝った

人たちが　星となって地上を見て
いる　この国の平和を希《ねが》いながら
何百万という人の　犠牲の上に
この国は成っているのだ

崔の詩は戦後の日本論だが、３連目に「アフリカの母」から生まれて世界に散った末裔《まつえい》たちがなぜ戦うのかとスケールの大きな歌となる。

　伊藤眞理子「他動詞」

あの八月六日を
語り伝えてくれるのはいいが
りんごが熟れて落ちるように
あの日原爆が落ちたとは何ごとか
原爆は零《こぼ》れ落ちたのではない
落とされた自覚を失って
どうして被爆国か
核兵器を落とす国にならないため

落とされたことを忘れまい…
「他動詞」は知的なうたい方であり最後に納得する。『いのちの籠』に参加した114人の詩人たちはすぐれた悟性と感性を持つ集団だ。

（2015年1月15日）

ドイツ東西和解の条件

2015年は、第2次世界大戦が終わり、日本国が敗戦を迎えてちょうど70年を迎える巡りあわせの年に当たる。元旦の新聞には「70年問題」などという記事も目につき、わたしも過ぎ去った70年のことを心にきざみ直しておきたい。

今から20年前に、敗戦から数えて1995年がちょうど50年に当たる年で、心に残る記念行事が幾つかあった中で、ドイツ連邦共和国で前年まで大統領だったヴァイツゼッカーさんが8月15日を目ざして来日。

わたしも山から暑い東京に下りてきて、「言葉の大統領」と異名のあるヴァイツゼッカーさんの雄弁にしびれた思い出があった。

氏の7年先輩にあたるブラント首相は60年代、東西ヨーロッパ間の和解政策を推し進め、世界的名声を博した西独首相。ポーランドを訪れた70年12月、ワルシャワの街に雪が降りしきるなか、ブラント首相はゲットー（ユダヤ人街）跡を訪れ、雪に半ば埋もれた記念碑の前に跪《ひざまず》いたブラント首相の黒いオーバーがたちまち雪で白くなるのを、記者の一人がカメラに収めていたものか。

翌日の新聞に載った1葉の写真がポーランド人の心にわだかまっていたナチス・ドイツへの怨恨《えんこん》を解かしさったというのだ。

今、手元の人名辞典でブラント、ヴァイツゼッカー両氏の欄に目をやれば、7歳若いヴァイツゼッカー氏は敬愛する先輩の足跡を追うように議員、市長、首相あるいは大統領と、似たコースで、89年連邦大統領に再選されたあと東西ドイツ再統合の条約に調印し来日の前年まで大統領でありつづけたことがわかる。「言葉の大統領」は最後に大切な言葉を忘れなかった。

「オーバーが雪で白くなることに加えて、賠償金が支払われることで和解政策は成立したのでした」

（2015年1月22日）

椰子の実

正月明けの連休、家人の車で愛知県蒲郡《がまごおり》に出かけ、翌日渥美半島を南下、伊良湖岬を目ざした。

途中、田原という町を過ぎた。小さな城下町ながら、渡辺崋山《かざん》ゆかりの地と気づき、崋山蟄居《ちっきょ》跡と大きな銅像を仰ぎ見、墓前に詣でた。「不忠不孝渡辺登」としたため自刃した蛮社の獄の巨人崋山について考える宿題を負って田原をあとにした。

ここから30分、遠州灘に面した海岸線にはアオイ科の落葉灌木《かんぼく》はまぼうの自生林が続いたあと、恋路ケ浜という1キロほどの美しい砂浜がある。都を追われた高貴なカップルが病に倒れ、心が女貝とミル貝になったという伝説が残る。砂浜の尽きた坂を上りつめた場所が長い岬の東端といってよく、荒波に洗われた岩壁に、唱歌にある「名も知らぬ遠き島より流れ寄る椰子《やし》の実」が、明治31年の夏、柳田国男の目にとまったのであろう。彼はこう書き残した。

―東京へ帰ってから、そのころ島崎藤村が近所に住んでたものだから帰ってくるなりすぐ私はその話をした。そしたら「君、その話を僕にくれたまえよ、誰にも云《い》わずにくれたまえ」ということになった。—

柳田は話術の名手であった。言葉少ない藤村は独特の情念で受けとめることの感性をもっていた。「椰子の実」14行は、柳田の話術と藤村の感性の合作だったのではないか。今日伊良湖岬には、柳田国男逗留《とうりゅう》の地という立て札が海水浴場に近い小路に建っているが「椰子の実」記念碑以外に「島崎藤村」の文字はない。

「藤村の伝記を見てもわかるように、三河の伊良湖岬へ行った気づかいはない」と柳田も断言し、「実《み》をとりて胸にあつれば」という句が思い浮かぶ藤村の情念を不思議がる。岬で買って帰った醜い椰子を見ながらわたしも、藤村が椰子を抱きしめたのはあり得ないと思った。

（2015年1月29日）

蛮社の獄

海に囲まれた小国日本には地続きの隣国がないため、亡命という発想も生まれなかった。

1839年に起こった「蛮社《ばんしゃ》の獄」は亡命を知らない閉鎖社会の悲劇だったといえる。

1837年米国船モリソン号が、難破した日本漁民を送りとどけようとした時、鎖国下の浦賀奉行は打ち払い令に基づいてモリソン号を受け入れなかった。その理不尽に敏感に反応したのは、渡辺崋山《かざん》を中心とした小関三英、高野長英ら崋山主宰の研究会・蛮学社中に集う少数の蘭学者たちで、語学に秀でていた。

崋山には『慎機論《しんき》』という著述があり、モリソン号打ち払いをまっ向から批判したため出版されず、仲間が原稿で回覧したのであろう。長英の『戊戌《ぼじゅつ》夢物語』も打ち払い令を問答体で批判したものだった。

一方、幕府儒官・林述斎の次男である目付の鳥居耀蔵は、幕臣が崋山らのもとに出入りすることに危機感を抱いていた。江戸湾岸の巡見を終えた代官江川太郎左衛門が、復命書の別冊として西洋事情の執筆を崋山に依頼したことを探知。同書の上呈を潰《つぶ》すべく、配下の小人目付《こびとめつけ》小笠原貢蔵に探索を命じてその報告を脚色し、老中水野忠邦に上申。

かくして「蛮社の獄」は始まる。逮捕された崋山は『慎機論』などを押収された上、国元田原で蟄居《ちっきょ》し2年後に自決。卓越した語学力で『泰西内科集成』『那波列翁伝《なぽれおん》』などを残した小関三英も逮捕前に自決。

陸奥国水沢に生まれた高野長英は21歳で長崎のシーボルトに師事。シーボルト事件で姿を隠し、江戸に戻って崋山を知り、蛮学社中のエースらしく永牢《えいろう》となるが、5年後に脱獄。宇和島・鹿児島へ渡り、兵書『三兵答古知幾《さんぺいたくちーき》』を翻訳した。後に江戸青山百人町で幕吏踏みこむ中で自殺した。国境線があれば、彼らは皆亡命していたろう。

（2015年2月5日）

憎むは人の業ならず

2月4日の信濃毎日新聞夕刊は、過激派組織「イスラム国」が拘束中のヨルダン軍航空中尉を殺害した映像をインターネットで公開するや、ヨルダン当局が報復措置として、イスラム国が釈放を要求していた死刑囚ら2人の死刑を執行したと報じた。中東には、目には目を―の意識が残っているのではないか。

イスラム国側によりヨルダン軍航空中尉は1月3日すでに檻《おり》の中で焼き殺されていながら、平然と交渉のカードとして切られていた。ジャーナリスト後藤健二さんも拘束されていたが、カードに使われた。

翌朝の全国紙の社会面に、―ケンジの思い広がる共感「憎むは人の業にあらず」―という見出しと共に、柔らかい微笑を浮かべた後藤健二さんが防寒帽姿の可愛《かわい》い子どもと語らっている写真が添えられている。戦争になったり、紛争が起きると弱い立場の人たちが、そこに巻き込まれてつらい思いをする、と以前の後藤さんは一生懸命伝えようとした。

２０１０年9月、彼がツイッターに書き込んだ数行の文字には明確な変化が現れている。―目を閉じて、じっと我慢。怒ったら、怒鳴ったら、終わり。それは祈りに近い。憎むは人の業にあらず、裁きは神の領域。―そう教えてくれたのはアラブの兄弟たちだった。―

（2月3日付信毎夕刊）

イスラム国が後藤さんを殺害したとみられる残虐な映像がネット上で拡散しているという。映像が投稿されたその日、ＢＢＣのＪ・ロングマンさんが横文字で訴えた。

Don't share the video.Don't play their game.Share pictures of Kenji doing his job.

（あの映像を共有してはいけない。彼らのゲームに乗るな。仕事をしている健二の写真を共有しよう）

（２０１５年2月19日）

向き合うべき過去

ドイツのアンゲラ・メルケル首相が9日来日し、東アジアで日中韓など近隣諸国の緊張が続いている現状をめぐり、「大切なのは平和的な解決策を見いだそうとする試みだ」と述べたと新聞は伝えている。先日亡くなったドイツの元大統領ワイツゼッカーさんも以前から独仏改善の歴史を振り返って同様の趣旨を語っておられた。

今年は戦後70年の刻《きざ》まれる年だ。この機会に、東アジアの国々の首脳が、たとえば、8月15日を期して沖縄などで一堂に集まることができればひとつの端緒になりはしないか。安倍晋三首相は夫人同伴で世界各地に足を運んでおられるが、最も近い東アジアの隣国、とくに中国から足が遠のいていないだろうか。ぜひ夫人同伴で、やや長期にわたって、万里の長城などにも足をのばし、膝をまじえて中国の政治家と懇談してみることをすすめたい。

中国・台湾・韓国・北朝鮮とは古くから一衣帯水、これから先も永遠に隣国であるわけだから、首脳同士がじっくり話をする時間が取れないというのはおかしいではないか。これはわたし1人の独断ではなく、大多数の日本人の願っていることだと言いたい。

メルケルさん自身「他の地域にアドバイスする立場にない」としながらも、ドイツが欧州で和解を進められたのは「ドイツが過去ときちんと向き合ったからだ。隣国（フランス）の寛容さもあった」からだと述べておられるが、過去ときちんと向き合うことが、フランスの寛容さを引き出した。そのことが肝要だ。

戦後70年という年の刻みは疎《おろそ》かにできない。戦争体験者は年々少なくなってきている。わたしがきちんと向き合うべき過去は1931年9月の誕生とともに始まった「満州事変」と15年間の戦争の歴史だ。


（2015年3月12日）

石橋湛山を読む

明治40（1907）年早大を終えた石橋湛山は兵役その他数年をへて明治44（11）年東洋経済新報社に入社、ちょうど大正元年にあたる12年から昭和20年にあたる45年まで大正昭和の30余年間、『東洋経済新報』の社説を中心に精力的な文筆活動を続けた。その足跡は15巻の湛山全集に収められている。

数年前から友人らと「石橋湛山を読む会」を続けているが、15巻を通読するのは前途遼《りょう》遠《えん》で、第1次世界大戦後の世界的軍縮の時代にさしかかったところだ。大正10年7月23日、米国からの呼びかけに応じ日本側が参加する「ワシントン会議」に向けて、湛山は社説「一切を棄《す》つるの覚悟」を書いた。傍題には―太平洋会議に対する我《わ》が態度―とある。

若き湛山は説く。日清・日露両戦役等で植民地となった朝鮮、台湾は独立を認める。中国、満州、シベリア、樺太《からふと》等の少しばかりの土地は捨てる。されば、英国はじめ世界の植民帝国は狼狽《ろうばい》し、世界の被植民国は騒然となろう。

7月末から3回連続の社説「大日本主義の幻想」は明治以来日本帝国が奔命《ほんめい》してきた植民地獲得と経営に軍事費ばかりが膨らみ、貿易としては赤字続きで、米、英、印度などとの交易の方が遙《はる》かに有利だと説く。

「一切を棄つるの覚悟」は大正10年に書かれたのだが、日本の大国主義は昭和になっても続いた。〝大東亜戦争〟の大敗で、連合国によってすべての植民地を剝奪されたことを省みると、二つの社説のうちの前者は24年後の敗戦を見通していたのであり、後者は24年に及ぶ大日本帝国の予言的経済白書だったとみえてくる。

この2本の記念碑的社説は、敗戦国日本がやがて手中にする新憲法の骨格をも見通していたように思えてならない。

（2015年3月19日）

戦争のにおい

今年の初め、私は空気の中にふと戦争のにおいを感じた。国家間の戦争は20世紀の彼方《かなた》に去り、私が感じたのは21世紀の戦争のにおいに思えた。オレンジ色の衣装を纏《まと》った人の隣に黒衣で全身を覆った切り裂きジャックのような大男が登場するかと思うと、軽弾《かるはず》みに一線を越えた知人を救おうとしたフリーの後藤健二記者までも呑《の》みこんでしまった。

「イスラム国」とはどこにあるのか―。忌まわしい事件が起こるたび、私は手元の地図帖《ちょう》で探すのに時間を費やす中で、中東、アフリカに直線の国境が集中していることに気づいた。2度の世界大戦を機に、勝者によって決められた直線の国境からは民族、種族、住民の生活習慣は顧みられなかった。

中東でいえばイラク、シリア、ヨルダン、サウジアラビアなど、北アフリカではリビア、アルジェリアに直線の国境が目立つ中にあって、直線の少ない小国チュニジアがアフリカ随一の観光大国を誇るのは、フランスとの永い交流があったからといわれている。チュニジアのルーブル美術館と異名をとる首都チュニスの国立バルドー博物館で3月18日昼悲劇が起こった。武装した数人組が博物館入り口付近でバスから降りた観光客を襲撃。死亡した21人の中に日本人女性3名が含まれていたという悲しい結果となった—。

ここで私のコラムは終わる。1979年1月から週1回、36年間、本日分が1800回目となったと知らされ、いささかの感慨を覚える。

もの書きに定年はありませんが、「今日の視角」は定年とさせていただきます。読者の皆さん、お元気で！

（2015年3月26日）

あとがき

「期限は設けません。続けられる限り書いてください」という信毎（信濃毎日新聞）東京支局の小関武彦報道部長に背中を押され、１９７９年1月から始まったわたしの「今日の視角」は、今年3月26日をもって36年間、ちょうど１８００回、力尽きたごとく終わったことを、幽明境を異にする天上の小関さんに報告したい。

毎週木曜日、信毎の夕刊に掲載になる原稿を、初めのうちわたしは日曜日中にまとめ、翌朝速達便で送ることにしていたが、しばらくしてＦＡＸという器用な機械ができたと聞いて購入した。電話に接続したこの機械に原稿を投入するだけで、原稿は瞬時に信毎支局にとどき、折り返しゲラ刷りが打ち返されてくる。暴風があろうと原稿は風に吹きとばされも、雨に濡れもしないことに感銘した。

ＦＡＸは30数年故障もなく稼動してくれているが、その間に多くの関係者の手を労《わずら》わしたことに深く感謝しなければならない。

１９７９年はわたしが信州を離れてちょうど30年目にあたった。信毎夕刊に週１回執筆させていただく「今日の視角」は郷里にいる友人・知人への手紙のつもりで書くようになった。今回本書に収録した160編は最近6年3カ月ほどの間に書かれたものだが、読み返して初心は失われていないように思えた。「今日の視角」最後の1冊となる本書は信毎出版部から出していただきたいというねがいが編集局長の畑谷広治さんに聞きとどけられ、出版部長山口恵子さんはじめ多くの方々にご協力いただいたことにも感謝申しあげます。
今年の8月15日は戦後70年目にあたる。その日までに本書が店頭に並ぶようにと努力してくださった方々にもありがとうと申しあげたい。

2015年7月9日
長雨のあがった快晴の中で

井出孫六

井出孫六（いで・まごろく）
1931年長野県南佐久群臼田町（現佐久市臼田）に生まれる。55年東京大学文学部仏文科を卒業。都内の中学、高校で教職に就いた後、58年中央公論社に入社、雑誌編集に携わる。69年に退社し著述に専念。著書は、第72回直木賞を受賞した『アトラス伝説』（冬樹社 1974）をはじめ、『秩父困民党群像』（新人物往来社 1973）、第13回大佛次郎賞受賞作『終わりなき旅――「中国残留孤児」の歴史と現在』（岩波書店 1986、2004）、『柳田国男を歩く――遠野物語にいたる道』（岩波書店 2002）、『中国残留邦人――置き去られた六十余年』（岩波書店 2008）など多数。
信濃毎日新聞夕刊コラム「今日の視角」を1979年1月から2015年3月まで執筆。13年、第20回信毎賞受賞。

編集　山口恵子

Shinmai Sensho
信毎選書 16

過去と向き合い 生きる 「今日の視角」セレクションⅡ

2015年8月15日　初版発行

著　　者　井出　孫六
発 行 所　信濃毎日新聞社
〒380-8546　長野市南県町657
電話 026-236-3377　ファクス 026-236-3096
https://info.shinmai.co.jp/book/
印刷製本　大日本法令印刷株式会社

ISBN978-4-7840-7268-2 C0395

定価はカバーに表示してあります。
乱丁・落丁本は送料弊社負担でお取り替えいたします。